Werner Müller

Pantomime

Eine Einführung für Schauspieler,
Laienspieler
und Jugendgruppen

Verlag J. Pfeiffer · München

Die Bilder stammen von Johannes C. Lubig, Nürnberg, und zeigen den Autor.
Die Bilder auf den Seiten 14, 20, 124 und 132 zeigen Marcel Marceau und sind von Felicitas Tempe aufgenommen.
Umschlag von Wolfgang Taube
Illustrationen von Barbara Bös

CIP-Titelaufnahme der Deutschen Bibliothek

Müller, Werner:
Pantomime: e. Einf. für Schauspieler, Laienspieler u. Jugendgruppen / Werner Müller
[Ill. von Barbara Bös]. – 3. Aufl. – München: Pfeiffer, 1988
    ISBN 3-7904-0315-6

Druck: G. J. Manz, Dillingen/Donau
© Verlag J. Pfeiffer, München 1979
3. Auflage 1988
ISBN 3-7904-0315-6

Inhalt

Was will dieses Buch?

Pantomime ist eine Kunst des Augenblicks, abrufbar und wiederholbar nur mit dem Medium des Films — und selbst hier fehlt dann die Dritte Dimension. Pantomime kann durch ein Medium nur unvollständig wiedergegeben werden. So kann es nicht Zweck und Aufgabe dieses Buches sein, Solopantomimen auszubilden.

Dieses Buch möchte Spielern und Spielgruppen Hilfen geben, mit ihrer Phantasie und ihrem Körper Räume und Gegenstände zu erschaffen, Stimmungen und Atmosphären entstehen zu lassen, um so Situationen in der Phantasie der Zuschauer reifen zu lassen, die real auf der Bühne nicht vorhanden sind.

Dieses Buch möchte aber auch Übungsmöglichkeiten und Spielformen aufzeigen, die nicht nur auf das verhältnismäßig engbegrenzte Gebiet der Pantomime beschränkt sind.

Alle vorgeschlagenen Improvisationen, Übungen und Etüden sind nicht nur als Trainingshilfen für Theaterspiel und Pantomime gedacht, sondern auch außerhalb der Bühne und des Laienspiels als spielerische Form der Kommunikation, als Anspiele für Diskussionen und als Erfahrungsspiele in Jugendgruppen und Schulklassen geeignet.

Was ist Pantomime?
oder: Das Schälen der Zwiebel

»Wenn jemand, wie es Peer Gynt mit der Zwiebel tat, das Theater nähme und versuchte, seine Hinzufügungen eine nach der andern abzuschälen, um an den eigentlichen Kern zu gelangen, so würde ihm das zu Anfang nicht schwerfallen. Man wird zweifellos feststellen, daß die Szenerie die jüngste Hinzufügung ist. Heute ist die Szenerie da, vor 350 Jahren war sie es noch nicht. Danach wird das Abschälen immer schwieriger. Wahrscheinlich müßte der Zuschauerraum als nächstes verschwinden; das Theater befindet sich dann im Freien. Darauf könnte die Bühne als erhöhte Plattform, auf der man spielt, folgen; nimmt man sie weg, steht der Schauspieler auf dem Boden. Wenn man unbarmherzig weitermacht, müßte dem Schauspieler Kostüm und Maske genommen werden. Entfernt man diese, fallen vermutlich zwei einzelne Stücke auseinander; diese beiden Stücke wären der Schauspieler und der Zuschauer. Nimmt man diese auseinander, dann gibt es kein Theater mehr.«[1]

Pantomime kommt dieser Vorstellung vom »armen« Theater sehr entgegen.

Pantomime — der Alles-Mimer

Der Mime hat die Möglichkeit und die Aufgabe, sich ohne Hilfe von Kostüm, Dekoration, Requisit oder Beleuchtungseffekt auszudrücken und Geschichten zu erzählen. Er muß fähig sein, durch das Zusammenspiel von Gestik, Mimik, Körperhaltung und Körperbewegung Kostüm, Requisit und Beleuchtung überflüssig werden zu lassen. Pantomime dient aber auch dem »normalen« Theater, indem sie dem Spieler — auch dem, der sich hauptsächlich mit Worten ausdrückt — hilft, die ebengenannten Theatermittel noch mehr zur Geltung zu bringen.

Pantomime — der, der mit allem mimt

Dem Spieler, der das Wort, das Requisit zur Verfügung hat, genügt es oft, sich mit alltäglichen Gesten in Szene zu setzen und etwas »auszudrücken«. Für den Mimen genügt Mimik und Gestik nicht. Er muß den ganzen Körper einsetzen, um zu sprechen. So muß er z. B. mit dem ganzen Körper sehen: Die Augen erblicken ein Objekt, der Kopf streckt sich leicht in die Blickrichtung und zieht den Körper mit. Für einen Schauspieler im Sprechtheater möchte dieser Ausdruck vielleicht

---

1 *Richard Southern*, Die sieben Zeitalter des Theaters.

übertrieben wirken. Jedoch kann er bestimmt durch die Übung der Pantomime seinen Ausdruck verbessern und intensivieren.

»Ein Akt des Theaters kann also ein Kunstwerk sein; das Medium, durch das dem Publikum die Kunst vermittelt wird, ist die Art des einzelnen, dieses Publikum anzusprechen; das Ergebnis, die Leistung der Kunst ist die Reaktion des Publikums; dies ist das Wesen des Theaters. Daher:

Das Wesen des Theaters liegt nicht in dem, was aufgeführt wird. Es liegt nicht einmal in der Art, wie es aufgeführt wird. Das Wesen des Theaters liegt in dem Eindruck, den man durch die Art und Weise, wie man aufführt, auf das Publikum macht. Theater ist dem Wesen nach Reaktionskunst.«[2]

Auch hier kommt die Pantomime den Vorstellungen von *Richard Southern* sehr nahe: *Etienne Decroux*, der Erneuerer der Pantomime, hat das geschaffen, was man die Kunst des Contre-poids nennt. Die Kunst des Contre-poids heißt, daß der Schauspieler sich mit dem, was er darstellen will, identifiziert. Das heißt: um den Wind darzustellen, muß man den Körper gegen den Wind legen; der Körper biegt sich gegen den Wind, daß man glaubt, den Wind zu sehen. Wenn der Mime ein Seil zieht, stemmt er sich gegen die Kraft des Seils, so daß man das Seil sieht, obwohl er nichts in den Händen hat.

Hierzu noch eine Definition der Pantomime von *Marcel Marceau:* »Für mich ist die Pantomime die Kunst, Gefühle mit Bewegungen oder durch Bewegungen auszudrücken, aber kein Ersatz der Worte durch Gesten. Die Kunst der Pantomime ist ebenfalls die Identifizierung des Menschen mit den Elementen, den Personen, der Natur, die uns umgibt. Es ist eine Art, das Unsichtbare sichtbar zu machen, es ist eine Kunst, den Raum zu gestalten, mit Händen zu bildhauern. Es ist die Kunst, die Gefühle zu übersetzen weiß. Durch die Pantomime integriert man sich total und übersetzt durch Gesten tiefe Gefühle des menschlichen Wesens.«

---

2 *Richard Southern*, Die sieben Zeitalter des Theaters.

1. Teil

Die vier Darstellungsbereiche der Pantomime

Um einen besseren »Einstieg« in die Pantomime zu ermöglichen, soll zunächst ein Gedankengebäude erstellt werden. Man unterscheidet in der Pantomime vier imaginäre Darstellungsbereiche:

1. *Der Bereich des imaginären Gegenstands*
2. *Der Bereich des imaginären Raumes*
3. *Der Bereich der imaginären Kraft*
4. *Der Bereich der imaginären Person*

Selbstverständlich überlappen sich die einzelnen Bereiche und sind nicht »mit dem Lineal« voneinander abzugrenzen. Bei der Darstellung eines Bechers kann sich der Mime nicht allein auf den Gegenstand konzentrieren, der Becher hat auch ein Gewicht und übt Kraft auf den Arm aus, ebenso trinkt man nicht im luftleeren Raum, sondern in irgendeinem Zimmer. Der Einfachheit halber soll aber zunächst versucht werden, die verschiedenen Bereiche getrennt vorzustellen.

Der imaginäre Gegenstand

Zunächst wird der imaginäre Gegenstand hauptsächlich durch die Hand des Mimen geschaffen. Bei einem realen Gegenstand — z. B. bei einem Becher — umschließt die Hand des Spielers die Gestalt des Bechers und nimmt seine Form an. In der pantomimischen Darstellung umschließt die Hand die Leere. Dennoch setzt der imaginäre Gegenstand — in der Phantasie des Mimen geschaffen — der Hand Widerstand entgegen und zwingt ihr seine Form auf. Dazu ist es notwendig, daß der Mime vorher über den Gegenstand »nachdenkt«, wie *Jean Soubeyran*[3] es ausdrückt. Der Mime denkt also über den Gegenstand nach:

Ist der Becher aus Plastik oder kostbarem Kristall?
Hat er Gebrauchswert, Erinnerungswert oder Symbolgehalt wie ein Kelch?
Ist er leer oder gefüllt? Bis zum Rand oder nur halb?
Womit ist er gefüllt?

All dies wird auf die Hand des Mimen und auf sein Spiel mit dem Becher Einfluß haben, wenn seine Hand die Leere umschließt. Im Augenblick des Kontakts zwischen Hand und imaginärem Glas wird die Hand des Mimen zum Glas. Der imaginäre Gegenstand gibt der Hand seine Form und zwingt ihr seine Bewegung und Begrenzung im Raum auf. Die Form der Hand, die ja jetzt Glas und damit Gegenstand ist, wird sich nun nicht mehr ändern, bis der Mime das Glas wieder abgesetzt hat.

Dies Nachdenken über einen Gegenstand setzt Sensibilitätsübungen voraus: Die Hand muß sich an ähnliches Glas »erinnern«, man muß beim pantomimischen Trinken den Wein schmecken usw. Auf derartige Erinnerungsübungen werden wir in einem späteren Kapitel des Buches noch zu sprechen kommen.

---

3 *Jean Soubeyran*, Die wortlose Sprache.

Der TOC

Hier ist es nun angebracht, über das Satzzeichen der wortlosen Sprache zu reden: den toc. (Der Begriff wurde meines Wissens von *Jean Soubeyran*[4] eingeführt.)

Wie die gesprochene und geschriebene Sprache der Interpunktion und der Absätze und Pausen bedarf, so benötigt auch die wortlose Sprache ein Atemholen. Dies geschieht am Beispiel unseres Bechers so: Die Hand des Mimen ist locker und beweglich — sie gehört noch dem Spieler. Im Augenblick des Kontakts mit dem Glas wird sie starr und nach der Erscheinungsform des Bechers gestaltet. Dieser Augenblick des Kontakts muß für den Zuschauer im toc sichtbar gemacht werden:

»Das dynamische Element, das jeden Satz oder jedes Satzelement innerhalb des pantomimischen Vortrages einleitet, ist der toc. Der toc ist ein Punkt, der innerhalb eines Bewegungsablaufes eine neue Phase einleitet. Er ist in der Pantomime das, was in der Geometrie der Punkt ist: der Ausgangspunkt einer Linie.«[5]

Der Mime trinkt nun aus dem Becher: Er setzt den Becher an die Lippen — toc — er trinkt und setzt ihn mit einem toc wieder ab — er führt ihn vom Mund weg in die Richtung der Tischplatte und setzt ihn ab. Auch dieser Augenblick der Kontaktlösung muß im toc erkennbar sein. Nun ist die Hand wieder beweglich und gehört dem Mimen. Das Glas hat aufgehört zu existieren. Es steht aber in der Phantasie des Zuschauers noch auf der Tischplatte, die der Mime durch das Absetzen des Glases damit geschaffen hat. Natürlich hat der Mime dies zu beachten und darf nicht in einer folgenden Bewegung durch den Tisch und das Glas gehen. Er hat stets auf die imaginäre Welt zu achten, die er durch sein Spiel erschaffen hat.

---

4 Ebenda.
5 Zitiert aus: *Jean Soubeyran*, Die wortlose Sprache.

Der Mime trinkt genüßlich

Der Blick

Vor dem pantomimischen Spiel mit einem Gegenstand ist jedoch noch eines zu beachten: Die formende Geste der Hand des Mimen, der ausdruckslos ins Weite blickt, würde den Zuschauer nur verwirren. Der Blick des Spielers erschafft noch vor der Hand den Gegenstand. Er »zeigt« dem Publikum den Standort und zeichnet seine Umrisse. So erblickt der Mime z. B. einen Regenschirm. Er signalisiert seinen Standort und nimmt den Griff in die Hand. Eine Aufwärtsbewegung stellt den Gegenstand senkrecht. Der Blick zeichnet nun die Länge des Schirms. Eine Aufwärtsbewegung der anderen Hand spannt den Schirm auf und der Blick des Mimen zeigt das »Beschirmtsein«. Der Ausdruck des Mimen, auf den wir noch zu sprechen kommen, zeigt nun das wohlige Bewußtsein, im Trockenen zu stehen. Dies aber ist bereits der Übergang von der reinen pantomimischen Technik zur schöpferischen Pantomime, die in der Phantasie des Zuschauers eine Situation erschafft.

Der imaginäre Raum

Der Mime kann den Raum, den er innerhalb einer gedachten Situation betritt, kennzeichnen durch die Haltung, die er einnimmt. Er wird, wenn er seine Wohnung darstellt, das Zimmer wie selbstverständlich betreten und zielstrebig auf das imaginäre Mobiliar zugehen; betritt er jedoch in der Spielsituation eine fremde Wohnung, so kann er wiederum durch seine Haltung und seinen Blick darstellen, ob er nur zufällig die Tür geöffnet hat oder ob er z. B. als Dieb kommt. Diese Spielweise bewegt sich noch im Bereich des stummen Spiels. Durch die Pantomimentechnik kann der Mime darüber hinaus den Raum, der ihn umgibt, direkt und indirekt sichtbar machen.

Direkte Darstellung des Raumes

Wie beim imaginären Gegenstand nimmt der Mime mit der Hand Kontakt mit der Wand auf, indem er seine Hand der Form der Wand anpaßt. Die Hand, die vorher noch locker war, ruht nach dem toc und ist nun Wand. Nun wird mit der anderen Hand ebenso verfahren. Mit einem schnellen toc löst sich die Hand, gehört einen Moment lang wieder dem Mimen und wiederholt nun den Vorgang, indem sie die Wand in ihrer Länge und Höhe abtastet. Dieses Spiel mit der Wand wird in einem folgenden Kapitel noch genau als Etüde beschrieben. Auch hier spielt der Blick des Mimen eine große Rolle. Blickt der Mime während der Darstellung in die Ferne, wird die Wand zur Glasscheibe. Andernfalls muß er mit den Augen die Wand »zeigen«.

Indirekte Darstellung des Raumes

Der Mime erschafft einen Raum, indem er das Gehen darstellt. Mit jedem Schritt erweitert er den Raum nach vorne und läßt den eben geschaffenen hinter sich, ohne daß er real von der Stelle kommt: Das Gewicht ruht auf dem linken Bein. Die rechte Fußspitze wird durch einen Schritt, der nur scheinbar Raum überwindet, jedoch neben dem linken Fuß aufgesetzt wird, auf den Boden gedrückt. Das Körpergewicht verlagert sich nun auf den rechten Fuß und drückt dadurch die Ferse auf den Boden. Gleichzeitig übt der linke Fuß einen imaginären Druck auf den Boden aus, indem er wenige Zentimeter über dem Boden — die Fußsohle ist dabei parallel zum Boden — den Raum nach hinten wegdrückt. Nun kommt der linke Fuß, ohne den

Boden zu berühren, nach vorn, setzt auf, und die Aktion wiederholt sich nun seitenverkehrt. Vorübungen zum pantomimischen Gehen werden in einem späteren Kapitel angeboten. Dieses sogenannte dynamische Gehen unterscheidet sich von der bloßen Darstellung des Gehens, wie sie von *Barrault* im Film »Kinder des Olymps« in großartiger Weise gezeigt wird. Der Vorteil des dynamischen Gehens liegt darin, daß es Darstellungsarten wie z. B. »müde gehen«, »Laufen im Sand« usw. dem Mimen leichter ermöglicht als das analytische Gehen, das den eigentlichen Bewegungsablauf »gehen« darstellt.

Die imaginäre Kraft

Auf den Mimen wirken während seines pantomimischen Spiels Kräfte ein. Das Glas, das er in die Hand nimmt, hat ein Gewicht, das den Arm versucht abwärts zu ziehen. Das kleine Kind, das der Mime im Spiel an der Hand führt, zieht in eine bestimmte Richtung. Wir kennen alle den Satz aus der Schulphysik »actio ist gleich reactio — Kraft ist gleich Gegenkraft«. Der Mime muß nun der actio, die auf ihn wirkt, eine reactio entgegensetzen, oder er muß bei einer aktiven Handlung die Reaktion auf ihn sichtbar machen. Er muß sich hierzu des natürlichen realen Kraftaufwandes bewußt werden und durch genaue Beobachtung die muskulären Spannungen seines Körpers analysieren, um sich später im Spiel an sie »erinnern« zu können. Erst durch diese Analyse der natürlichen Bewegung und des Spiels mit passiver und aktiver Kraftanwendung wird er den Rhythmus und die Dynamik seiner pantomimischen Geste finden.

Das Ziehen

Das Ziehen eines imaginären Seiles ist wohl die bekannteste aller Pantomimenübungen. Hier muß der Mime zeigen, daß am anderen Ende des Seiles eine Kraft wirkt, die einen Widerstand entgegensetzt.

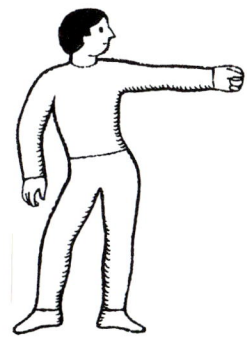

Der Mime nimmt mit einem toc Kontakt zum Seil auf und formt es. Die Kraft wird im Mittelpunkt des Körpers gesammelt, die Muskeln sind noch entspannt. Dann zieht mit einem langsamen oder schnellen toc der Oberkörper nach hinten, der Arm streckt sich, da er durch den Widerstand dem Oberkörper nicht folgen kann. Nun drängt das Becken im folgenden toc der sich widersetzenden Kraft entgegen, der Schwerpunkt des Körpers wird verlagert. Der Mime stemmt sich nun mit den Beinen in den Boden und legt den Körper gegen die Kraft nach hinten. Dann überwindet er in langsamer oder schneller Bewegung den Widerstand.

Das Gezogenwerden

Hat der Mime nun den Widerstand überwunden, ist die Etüde beendet. Spielt man jedoch so, daß das Publikum einen Partner am anderen Ende des Seiles sieht, so wird der Partner seinerseits in Aktion treten. Er wird am Seil ziehen, und der Mime muß nun darstellen, wie er gezogen wird.

Der Kontakt zum Seil besteht weiterhin. Nun bewegt sich das Handgelenk des Armes, der Seil ist, in Richtung Kraft. Diese Kraft überträgt sich auf Ellbogen und Schulter: Der Arm wird gezogen. Da die Krafteinwirkung fortdauert, zieht nun der Arm den Oberkörper, dann das Becken mit und bringt schließlich den Mimen aus dem Gleichgewicht. Ein Fuß pendelt durch Überkreuzen ein und stellt das Standvermögen wieder her. Der Mime wurde von einer von außen kommenden Kraft bewegt, die er selbst geschaffen hat.

Vorübungen und Variationen zur imaginären Kraft werden in einem folgenden Kapitel noch dargeboten.

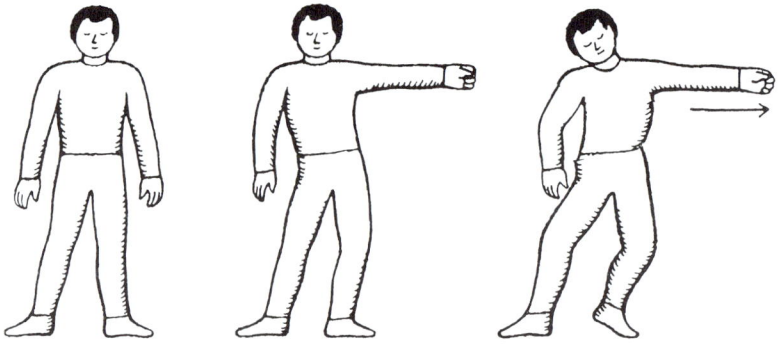

Die imaginäre Person

Ähnlich wie bei der Darstellung des Gegenstandes kann der Mime z. B. durch Händeschütteln Kontakt zu einer imaginären Person aufnehmen. Durch seine ausgestreckte Hand zeigt er die Größe der Person, durch seinen Blick signalisiert er die Umrisse seines imaginären Partners. Sein körperlicher Ausdruck und sein Blick kann nun über das bloße Zeigen der Person hinaus dem Zuschauer die Sympathie oder Antipathie klarmachen, die er der Person entgegenbringt. Besonders hier ist es wichtig, daß der Mime vorher über die Person nachdenkt:

Wie groß, wie dick, wie schwer ist die Person?

Bei welcher Gelegenheit begrüße ich sie?

Wann habe ich sie zuletzt gesehen?

Wie stehe ich zu ihr? Wie steht sie zu mir?

Dies sind nur einige der vielen Fragen, die man sich über einen imaginären Partner stellen muß, um ihn in der Phantasie des Zuschauers real werden zu lassen. Sicherlich kann man nicht alle Ergebnisse des »Nachdenkens« über die Rampe bringen, aber sie sind nötig, um die Person zu kennzeichnen. Um einen Aspekt des imaginären Partners deutlich werden zu lassen, muß sich der Mime vorher viele Aspekte überlegen und zurechtlegen.

Die Umarmung

Ausgehend vom Spiel mit dem imaginären Partner, kann der Mime durch gymnastische Übungen — Dehnung des Schultergürtels — und durch Training der Körperhaltung auch zur Möglichkeit kommen, zwei Personen auf einmal darzustellen:

Der Mime umarmt sich, mit dem Rücken zum Zuschauer, selbst und spielt mit seinen Händen in seinen Haaren, streichelt seinen Rücken und seinen Nacken. Die Illusion eines sich umarmenden und küssenden Paares ist hergestellt.

Pars pro toto — Teil fürs Ganze

Der Blick spielt bei dieser Darstellungsart die wichtigste Rolle. Jedem Laienspieler ist sicherlich der Sketch des altberühmten Flohzirkus bekannt, bei dem der Spieler mit rollenden Augen die Salti seines Flohs beschreibt. Auch in der Pantomime zeichnet der Spieler den Weg des imaginären Partners mit dem Blick. Dabei bleibt der Mime z. B. in der Rolle des Dompteurs, während sein Blick und seine Körperhaltung einen Löwen durch einen brennenden Reifen springen lassen. Augenrollen genügt allerdings hierbei nicht. Der Mime muß im Spiel die Hitze des brennenden Reifens spüren, muß den Geruch des Löwen einatmen und das Fauchen hören. Der Pantomime darf sich auf diesem Gebiet des imaginären Partners nicht auf »Tricks« verlassen: Der imaginäre Partner wird für den Zuschauer nur dann Wirklichkeit, wenn er lange vorher — auch bei Etüden, nicht nur bei Aufführungen — für den Mimen Gestalt und Charakter angenommen hat.

Nicht nur der Blick, auch die Hand kann als Teil des imaginären Partners diesen in der Phantasie des Zuschauers Wirklichkeit werden lassen: Die Hand des Mimen, die sich wellenartig vor dem Körper bewegt und von den Augen verfolgt wird, kann zur Forelle werden. Die flatternden Hände übernehmen die Flügelbewegungen eines Schmetterlings und werden so selbst Schmetterling. — Eine der großartigen Pantomimen von *Marcel Marceau.*

Marcel Marceau

Das Spiel des Mimen

Das Spiel des Mimen unterscheidet sich in seinem Rhythmus in nichts von dem des sprechenden Spielers. Auch bei ihm darf der Textvortrag nicht »ohne Punkt und Komma — pausenlos« aufgebaut sein. Wie der gesprochene Text hat auch die wortlose Sprache ihre Atmungspausen, ihre Punkte, Fragezeichen und Ausrufungszeichen.

Die Atmung des Mimen geschieht im Wechsel von Spannung und Entspannung. Dies ist das Einatmen und Ausatmen des Mimen. Ein Schauspieler, der atemlos und überhastet seinen Text spricht, wird undeutlich; ebenso wird der Mime, der seinen Bewegungsablauf nicht in Spannungs- und Entspannungsphasen aufteilt, sein Publikum verwirren und bestenfalls zum Raten anregen.

Spannung

Spannung des Mimen darf keinesfalls mit Verkrampfung verwechselt werden. Spannung heißt Wachheit aller Sinne und Lockerheit des Körpers, sie ist Ausgangspunkt für eine Aktion. Verkrampfung ist eine Lähmung, die eine Aktion unkontrollierbar und fast undurchführbar macht.

Diese Spannung hat ihren Sitz in der Mitte des menschlichen Körpers, am Nabel. Von diesem Punkt aus atmet der Mime, von hier aus geht jede Aktion, hier sammelt sich vor der Handlung die Kraft. Spannung ist zielgerichtet, sie schärft die Wachheit der Sinne. Verkrampfung läßt den Mimen mit sich selbst beschäftigen und hindert ihn — da er Angst hat, besonders gut sein will oder gar einen guten Eindruck machen will — an einer konzentrierten und geistig offenen Beschäftigung mit dem imaginären Objekt.

Um den Begriff »Spannung« zu verdeutlichen, sei ein Abschnitt aus *Kleists* »Marionettentheater« zitiert: ».. . Der Bär stand, als ich erstaunt vor ihn trat, auf den Hinterfüßen, mit dem Rücken an einem Pfahl gelehnt, die rechte Tatze schlagfertig erhoben und sah mir ins Auge: das war seine Fechterpositur. Ich wußte nicht, ob ich träumte, da ich mich einem solchen Gegner gegenüber sah; doch: stoßen Sie! sagte Herr v. G., und versuchen Sie, ob Sie ihm eins beibringen können! Ich fiel mit dem Rapier aus; der Bär machte eine ganze kurze Bewegung mit der Tatze und parierte den Stoß. Ich versuchte ihn durch Finten zu verführen; der Bär rührte sich nicht .. . Der Ernst des Bären kam hinzu, mir die Fassung zu rauben, Stöße und Finten wechselten sich, mir triefte der Schweiß: umsonst! Nicht bloß, daß der

Bär, wie der erste Fechter der Welt, alle meine Stöße parierte; auf Finten ging er nicht einmal ein: Aug in Auge, als ob er meine Seele darin lesen könnte, stand er, die Tatze schlagfertig erhoben, und wenn meine Stöße nicht ernsthaft waren, so rührte er sich nicht.«[6]

Der Schwerpunkt der Bewegung

Durch die Spannung des Körpers bedingt, atmet der Mime vom Körpermittelpunkt aus: von diesem Punkte aus entstehen auch die Gemütsbewegungen, die *Kleist* »Seele« oder »vis motrix« (= bewegende Kraft) nennt: »... Und der Vorteil, den eine Marionette vor lebenden Tänzern voraus haben würde? Zuvörderst dieser, daß sie sich niemals zierte. — Denn Ziererei erscheint, wenn sich die Seele (vis motrix) in irgendeinem anderen Punkt befindet, als in dem Schwerpunkt der Bewegung ... befindet sich die Seele im Schwerpunkt der Bewegung, so sind alle übrigen Glieder, was sie sein sollen, tot, reine Pendel, und folgen dem bloßen Gesetz der Schwere; eine vortreffliche Eigenschaft, die man vergebens bei dem größten Teil unserer Tänzer sucht ...« Jede Bewegung, jede Aktion muß der Mime vom Ursprung her entstehen lassen, er muß immer versuchen, im Schwerpunkt der jeweiligen Bewegung zu bleiben. Er darf also nicht irgendwelche Schablonen oder Klischees verwenden. In der Pantomime darf es kein »man geht so«, »man steht so« usw. geben. Jede Bewegung des Mimen ist im Grunde unwiederholbar. Will er dieselbe Bewegung nochmals gestalten, so muß er neu über sie nachdenken und den Schwerpunkt suchen. Daraus ergibt sich fast selbstverständlich, daß man keine Aktion um ihrer selbst wiederholen darf: so z. B. einen Gag, der gut angekommen ist. Der Mime muß sich von allen Schauspielern am meisten davor hüten, »noch eins draufzugeben«. Auch hier sei noch einmal der Aufsatz »Über das Marionettentheater« von *Heinrich v. Kleist* zitiert: »Ich sagte, daß ich gar wohl wüßte, welche Unordnung in der natürlichen Grazie des Menschen das Bewußtsein anrichtet: Ich badete mich, vor etwa drei Jahren, mit einem jungen Mann, über dessen Bildung damals eine wunderbare Anmut verbreitet war ... Es traf sich, daß wir gerade kurz zuvor in Paris den Jüngling gesehen hatten, der sich einen Splitter aus dem Fuß zieht; der Abguß der Statue ist bekannt und befindet sich in den meisten deutschen Sammlungen. Ein Blick, den er in dem Augenblick, da er den Fuß auf den Schemel setzte, um ihn abzutrocknen, in einen großen Spiegel warf, erinnerte ihn daran; er lächelte und sagte mir, welche Entdeckung er gemacht habe. In der Tat hatte ich

---

6 *Heinrich von Kleist*, Über das Marionettentheater.

in eben diesem Augenblick diesselbe gemacht; doch sei es, um die Sicherheit der Grazie, die ihm beiwohnte, zu prüfen, sei es, um seiner Eitelkeit ein wenig heilsam zu begegnen: ich lachte und erwiderte — er sähe wohl Geister! Er errötete und hob den Fuß zum zweitenmal, um es mir zu zeigen; doch der Versuch, wie es sich leicht hätte voraussehen lassen, mißglückte. Er hob den Fuß verwirrt zum dritten und vierten, er hob ihn wohl noch zehnmal: umsonst! er war außerstande, dieselbe Bewegung wieder hervorzubringen — was sag ich? die Bewegungen, die er machte, hatten ein so komisches Element, daß ich Mühe hatte, das Gelächter zurückzuhalten.«[7]

Entspannung

Unter Entspannung darf keinesfalls ein »Loslassen« von Körper und Geist nach einer Anstrengung verstanden werden: Vielmehr ist damit eine Art von Ausatmen gemeint, die keine Schwäche, keinerlei Sichgehenlassen mit sich bringt, sondern eine innere Spannung bewahrt. Auch diese Spannung liegt im Mittelpunkt des Körpers und strahlt die geistigen und körperlichen Kräfte auf das Publikum aus. So wie der Athlet nur im Moment des Ausatmens »stark« ist, so kann auch der Mime nur im Moment der Entspannung eine Pause halten, die nicht »durchhängt«, oder Langeweile auf der Bühne spielen, ohne daß sich das Publikum langweilt.

Spannung, Entspannung und Schwerpunkt der Bewegung sind trainierbar und erlernbar. Sie sollten nicht nur um der Pantomime willen geübt werden: Sie gehören wie die übliche Pflege zur täglichen Hygiene des Menschen.

---

[7] *Heinrich von Kleist,* Über das Marionettentheater.

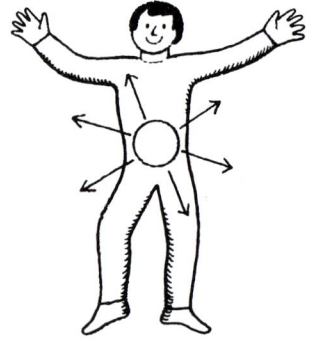

Solar plexus

Wenn ein Schauspieler, Tänzer oder Mime sich auf der Bühne befindet und diese »füllt«, auch wenn er sich nicht in großartigen Aktionen erschöpft, so sagt man von ihm, daß er Ausstrahlung besitzt. Diese Ausstrahlung ist keine Gabe, die dem Spieler in die Wiege gelegt wurde: sie ist erlernbar und trainierbar.

Wir haben bereits im vorigen Abschnitt festgestellt, daß jede Bewegung, jede Aktion und jegliche Gefühlsregung vom dynamischen Mittelpunkt des Körpers ausgeht, ebenso wie die Spannung und Entspannung. Dies sei nun genauer erklärt: Der sich natürlich bewegende Mensch öffnet sich von diesem Punkt aus für andere und breitet z. B. die Arme aus, wenn er freudestrahlend auf einen Freund zugeht. Wir geben instinktiv unser Sonnengeflecht (= solar plexus) — sozusagen den Punkt, in dem unsere Nervenbahnen zusammenlaufen — dem Partner preis, um ihm zu zeigen, daß wir ihm vertrauen.

Bei einer Bedrohung zieht sich der Körper um diesen Punkt zusammen und versucht ihn zu schützen. Instinktiv schließen sich die Arme um den Körpermittelpunkt, wenn wir erschrecken oder angegriffen werden. Nur Kinder, die oft geschlagen werden, schützen, wenn sie erschreckt reagieren, den Kopf: die »natürliche« Bewegung wäre ein Zusammenkrümmen des Körpers.

Bei den Griechen der Antike war der Sitz der Seele im Zwerchfell: Wenn wir die berühmten »Schmetterlinge und sonstigen Krabbeltiere im Bauch« bei Lampenfieber berücksichtigen, wenn wir uns an die Schwerelosigkeit des Rumpfes erinnern, das ein unvermutetes Glücksgefühl verursacht hat, so werden wir diesem Sitz unserer Gefühlsregungen nur zustimmen können.

Wenn wir Kräfte sammeln und uns konzentrieren, so »versammeln« wir den Körper um diesen Solar plexus: alles, was man entgegennimmt, führt man auf diesen Punkt hin, alles, was von uns ausgeht, übergibt man von diesem Punkt aus.

Um diese Funktion der Körpermitte zu verdeutlichen, soll nun von folgender Vorstellung ausgegangen werden:

Der Solar plexus — unsere Körpermitte — ist ein Gummiball in Höhe unseres Nabels.

Dieser vorgestellte Ball kann nun hauptsächlich vier Bewegungen ausführen:

— Er dehnt sich aus und kann unendlich groß werden, so daß wir uns schwerelos und schwebend vorkommen. Dies geschieht, wenn wir uns über etwas freuen, wenn wir über etwas staunen, wenn wir glücklich sind und die Welt anstaunen, wie ein kleines Kind es tut.

— Er zieht sich zusammen und wird unendlich klein, als wolle er sich verkriechen und den ganzen Körper mit sich ziehen, wenn wir traurig sind, weil etwas vergangen ist vor unseren Augen, wenn wir enttäuscht wurden oder wenn wir uns verlassen vorkommen.

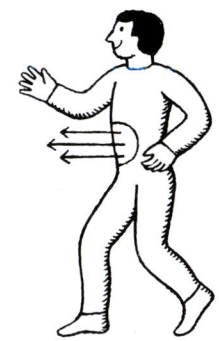

— Er bewegt sich waagrecht nach hinten und hindert uns am Vorwärtsbewegen wie ein Seil, das an unserem Rücken befestigt ist, wenn wir vorsichtig und schüchtern uns einem fremden Menschen nähern, wenn wir beim Ringkampf auf die Angriffe und Finten des Gegners warten, wenn wir angstvoll vor etwas Schrecklichem zurückweichen.

— Er bewegt sich nach vorn und zieht den Körper mit sich, wenn wir freudig einen alten Bekannten begrüßen, wenn wir unsere Liebste umarmen. Er kann sich aber auch aggressiv nach vorn werfen, wenn sich unsere Angst in Wut und Angriffsgeist gewandelt hat, wenn sich die Kraft für einen Anlauf zum Sprung gesammelt hat.

Es könnten noch sehr viele Beispiele angeführt werden, und diese könnte man noch mit einer Unzahl von »gemischten Bewegungen« des Solar plexus vermehren. Denn kaum eine menschliche Reaktion oder Aktion wird so »eingleisig« sein, wie sie oben beschrieben wurde:

In die Wut des Angriffs wird sich Vorsicht oder Angst mischen, in die schüchterne Zurückhaltung die stumme Bitte um Aufnahme. Ebenso wird zur Trauer die winzige Hoffnung kommen, die uns die Trauer ertragen läßt, und in das Glücksgefühl das Wissen um die Vergänglichkeit des Glücks. Einzig bei der Darstellung eines Kindes dürfte Glück und Trauer in der reinsten Form auftreten, denn die Kinder sind noch nicht aus dem Paradies vertrieben: Wir Erwachsenen sind es, ... »und der Cherub steht hinter uns, das Paradies ist verriegelt; wir müssen die Reise um die Welt machen und sehen, ob es vielleicht von hinten irgendwo wieder offen ist.«[8]

Diese »Reise um die Welt« muß der Mime mittels Übungen und Training unternehmen. Er sollte bestrebt sein, sich durch Improvisationen und Übungsaufgaben, die die Geschmeidigmachung des Solar plexus betreffen, sich einen Fundus von Erfahrungen über die Körpermitte anzueignen. Jedoch sollten diese Erfahrungen dann im Spiel nicht »ausgepackt« werden, sie können nicht wie ein Kostüm oder Requisit gehandhabt werden. Sie dienen lediglich als Hilfe zum Nachdenken über die vorgestellte Aktion.

Es genügt aber nicht, sich nur in den Übungsstunden mit den Gemütsempfindungen und Gemütsregungen zu beschäftigen: »... Was dem Mimen über vieles

---

8 *Heinrich von Kleist*, Über das Marionettentheater.

hinweghilft, ist die Kunst des Beobachtens, die er ständig ausübt. Er beobachtet, indem er nachmacht. Und er erfindet für die Beobachteten ein Verhalten für viele Situationen, die er nicht beobachten kann.

Er studiert ständig die Gesetzlichkeiten im Verhalten der Menschen zueinander. Die Gesellschaft ist sein Auftraggeber. Er muß ein absolutes Gehör entwickeln für den Ton der Wahrheit ...

Er versperrt sich keiner Freude und keinem Leid. Er braucht diese Empfindungen für seine Arbeit, da er vor allem trachten muß, ein Mensch zu bleiben.«[9]

Freude

Abwehrende Haltung

9 *Bertolt Brecht*, Über den Beruf des Schauspielers.

Bevor nun mit der Beschreibung der Etüden und Übungen begonnen wird, noch einige Hauptbegriffe und Merksätze über die Pantomime:

Die Pantomime ist keine Scharade. Wenn das Publikum sie nicht versteht, liegt der Fehler nicht beim Publikum, sondern beim Mimen.

Das Publikum soll nicht nachher, sondern gleichzeitig verstehen, ich möchte fast sagen vorher. Der Mime erfüllt die Erwartungen des Publikums.

Der Pantomime vereinfacht, komprimiert reale Vorgänge. Er stellt das Besondere am Gewöhnlichen dar.

Das Publikum des Mimen ist nicht passiv, sondern aktiv. Pantomime ist Handlung.

Die Pantomime will nicht die Schönheit, sondern die Wahrheit.

(Jean Soubeyran)

Eine Pantomime ist vor allem eine Handlung, die ausschließlich in der Gegenwart abläuft.

Man muß nicht einfach verständlich sein, sondern klar. Vor allem darf man nicht unter dem Vorwand der Poesie unverständlich sein.

(Jean Louis Barrault)

Die Bewegungszeichen des Mimen verlangen vom Publikum noch die Anstrengung der Übertragung.

Der Mime mimt das Wasser und wird Fisch. Er mimt den Wind und wird Sturm. Er mimt das Feuer und wird Flamme. Er mimt die Gefühle und wird Leidenschaft. Er mimt die Gegenstände und wird Ding. Er verwandelt sich in einen Baum und wird Vogel. Er wird zur lebendigen Natur ...

(Marcel Marceau)

Kunst gibt nicht das Sichtbare wieder, sie macht sichtbar.

(Paul Klee)

Des Menschen Phantasie will auf die Dauer nicht erschlagen und bevormundet sein. Sie will gelockt werden, sich ausbreiten, und dem, was gezeigt wird, immer aus Eigenem noch etwas hinzufügen.

(Friedrich Luft)

Elementarübungen und Etüden

Der imaginäre Gegenstand

Jeder Gegenstand entsteht durch das Spiel des Mimen: Da der Gegenstand aus Materie besteht, besitzt er Form und Gewicht. Beide Komponenten müssen im Spiel sichtbar werden.

Die Hand des Mimen wird durch die Form des Gegenstands geprägt, ebenso seine gesamte Körperhaltung.

An einem Beispiel sei nun jede einzelne Aktion einer kleinen pantomimischen Etüde nachvollzogen:

Aufgabe: Trinken aus einem Glas

(Ort: Auf einer Party) Der Mime steht im Raum und muß nun zuerst den Raum um sich erschaffen. Das heißt, er muß sich vor Beginn des Spiels darüber im klaren sein, ob er allein zu Hause ist, ob er sich auf einer Party befindet oder mit einem Partner zusammen ist. Unsere Person befindet sich auf einer Einladung: Es sind sehr viele Leute im Raum anwesend, ich kenne jedoch keinen von ihnen. Ich habe keinerlei Kontakt zu anderen Personen. Dies erzeugt aber ein Gefühl des Unwohlseins. Trotzdem versuche ich Kontakt aufzunehmen: Ich blicke im Raum umher. Ich sehe die Einrichtung des Raumes, die Kleidung der Gäste, ihre Silhouetten, höre verschwommen ihre Gespräche.

All dies ist eigentlich noch Vorbereitung des Spiels. Bisher hat der Zuschauer noch »nichts« gesehen. Trotzdem ist dieses Nachdenken über den Ort, an dem man sich befindet, unbedingt notwendig.

Ich blicke nun weiter im Raum umher. Nun sehe ich eine Anrichte mit gefüllten Gläsern darauf. Meine Augen bleiben an diesen Gläsern haften. Sie regen mich an, mir wird plötzlich bewußt, daß ich Durst habe. Ich gehe nun auf die Anrichte zu.

Während des Gehens umfasse ich die Maße der Anrichte. Ich »denke nach« über Höhe und Breite des Möbelstückes und über den Abstand zu ihm.

Nun bin ich an der Anrichte und umfasse mit meinem Blick eines der Gläser: Es ist sicher Wein darin, nach der Form der Gläser zu schließen. Es ist Weißwein. Bin ich der erste, der sich hier bedient? Nein, auch die andern Gäste haben bereits Gläser in den Händen! Somit ist diese Hemmung beseitigt, und mein Verlangen löst nun durch Vermittlung meines Gehirns die Nerven- und Muskeltätigkeit aus, die meine Hand dazu veranlaßt, sich zu strecken und ein Glas zu umfassen.

Das Glas ist gut gefüllt, und ich muß achtgeben, daß ich nichts verschütte. Die Außenwand des Glases ist feucht und beschlagen, denn der Wein im Glas ist kalt. Ich sehe nun den Wein im Glas und führe das Glas in die Höhe meiner Lippen. Ich atme den Duft des Weines ein. Er hat eine großartige Blume. Ich führe das Glas an meine Lippen und trinke. Der Wein schmeckt nach Erde und hat einen süßherben Geschmack. Er rollt über meine Zunge und ich schlucke. Ich bin ganz auf mich selbst bezogen und habe die Augen fast geschlossen. Wie ich sie wieder öffne, steht ein junges Mädchen vor mir, das sich ebenfalls ein Glas holt. Ich wende mich ihr zu, unsere Blicke treffen sich: Ich schaffe den Partner durch die Tatsache, daß ich meiner imaginären Partnerin zulächle und das Glas leicht anhebe und nochmals trinke . . .

Diese genaue Beschreibung des pantomimischen Vorgangs »trinken aus einem Glas« soll nicht abschrecken, sondern dazu anregen, sich vor dem Spiel ganz konkrete Gedanken zu machen. Dies darf jedoch nicht als ein Zurechtlegen eines Spielplans verstanden werden, der auf alle Fälle eingehalten werden muß. Dies wäre der Tod jeglicher Improvisation! Der Mime muß in eine Szene einsteigen, als ob er sie auf einer Filmleinwand sieht, in die man hineingehen kann.

Die Technik des Pantomimen ist nicht vorrangig, wichtig ist, daß er über die imaginären Gegenstände, Partner und Räume, über die Kräfte, die auf ihn wirken, und über seine Stimmungen, die all diese Einflüsse erzeugen, nachdenkt!

Selbstverständlich sollte jeder Mime auch außerhalb der Etüden Sensibilität und Phantasie üben und erweitern. Hierzu sollen in einem späteren Kapitel noch Übungen angeboten werden.

In ähnlicher Weise soll beim Spiel bei den folgenden Übungsvorschlägen über die imaginäre Welt des Mimen »nachgedacht« werden. Es ist — meiner Meinung nach — nicht ratsam, z. B. »trinken aus einem Glas« vollkommen isoliert zu üben. Dieses von der Umwelt isolierte Üben der pantomimischen Technik bringt nur Erfolg, wenn dabei die Möglichkeit der Kritik und der Korrektur durch einen Sachverständigen der Pantomime besteht. Weiterhin birgt diese Art des Trainings die Gefahr, daß sich der angehende Pantomime in seine Technik verliebt und sein Spiel zu einem Vorzeigen von Kabinettstückchen degradiert. Hier sei nochmals an den jungen Mann aus dem Aufsatz »Über das Marionettentheater« erinnert: ». . . die Bewegungen, die er machte, hatten ein so komisches Element, daß ich Mühe hatte, das Gelächter zurückzuhalten . . .«

Übungen und Etüden zum imaginären Gegenstand

Trinken aus verschiedenen Gläsern

Wasserglas, Weinglas, Whiskyglas usw. Die Gläser können aus edlem Material oder aus Plastik sein . . .

Sie können verschiedene Formen, wie Becher, Stielglas usw., haben . . . Verschiedene Situationen, bei denen man aus diesen Gläsern trinken kann:

Allein zu Hause, man hat Gäste erwartet, die nicht gekommen sind . . .

Auf einer Party . . .

Bei einem Rendezvous . . .

Man hat schon zuviel getrunken . . .

Kaffeetrinken

Sich hinsetzen — Stuhl zurechtrücken — den Tisch überblicken (wo steht die leere Tasse, wo steht die Kanne usw.) — Kaffee einschenken — Kanne absetzen — Milch in die Tasse gießen — Zucker in die Tasse (Würfelzucker oder aus der Dose?) — Kaffeelöffel nehmen — Kaffee umrühren — Tasse beim Henkel nehmen — an die Lippen führen — trinken — den Kaffee schmecken (er ist heiß, hat einen bitteren Geschmack, strömt Duft aus . . .) — Tasse wieder absetzen.

(Bei jedem Bindestrich sei hier nochmals an den toc erinnert: ». . . der toc ist ein Punkt, der innerhalb eines Bewegungsablaufes eine neue Phase einleitet . . .«)

Verschiedene Situationen: In einer Arbeitspause, die man als wohlverdient empfindet . . .

Im Streß, Kaffeetrinken und gleichzeitig in Akten lesen . . .

In einem herrlich nostalgischen Wiener Café . . .

Bei einem »verliebten« Frühstück . . .

Spiel mit Bällen

Der Mime nimmt Kontakt zum Ball auf. Seine Hände nehmen die Gestalt des Balles an. Er fühlt, wie schwer oder wie leicht der Ball ist. Seine Blicke verfolgen die Bahn des aufspringenden, wegrollenden oder fliegenden Balles.

Besonders beim Werfen sollte darauf geachtet werden, das Gewicht des Balles zu fühlen und damit darzustellen. Ein schwerer Ball wird z. B. aus der Schulter geworfen, ein Luftballon dagegen wird nur leicht mit der Hand berührt.

Dann beginnt das Spiel: Ein würdiger alter Herr zum Beispiel geht im Park spazieren. Plötzlich stockt er. Auf der Wiese — natürlich »Betreten verboten!« — liegt ein Ball. Ein Kind hat ihn vergessen. Einen ähnlichen Ball hatte er als Kind. Er blickt sich um, nimmt den Ball auf und tippt ihn gedankenverloren etliche Male auf. Dabei wird er wieder das fröhliche Kind, das er einmal war. Plötzlich hört er Schritte hinter sich. Es ist das Kind, das seinen Ball sucht. Er kickt ihm den Ball zu und geht weiter.

Hier wurde absichtlich eine sehr umfangreiche Etüde als Beispiel angeführt, um zu zeigen, daß »Ball spielen« allein reine Technik und damit tote Technik bleibt.

Tennis-, Hand-, Fuß-, Medizin-, Wasserball, Luftballon . . . Diese Bälle werden vom Boden oder aus einem Regal aufgenommen und geworfen.
Der Mime spielt allein mit dem Ball . . .
Der Mime hat einen Partner . . .
Verschiedene Situationen:
Spiel mit einem kleinen Kind, dem der Ball weggerollt ist . . .
Spiel mit einem kleinen Kind, das allein im Park spielte und Kindheitserinnerungen wachrief . . .
Spiel mit einem Kind, das körperbehindert ist . . .
Allein durch die Beispiele soll aufgezeigt werden, welche Unzahl an Variationen möglich ist. Selbstverständlich kann auch die Situation von der Ballform geprägt sein oder vom Ort, an dem man mit dem Ball spielt (z. B. auf dem Beton eines Hinterhofes, am Sandstrand, im Wasser usw.).

Ich decke den Tisch
Vom Regal und vom Schrank auf der gegenüberliegenden Seite des Raumes werden Tischdecke, Geschirr, Besteck usw. einzeln genommen und auf den Tisch aufgelegt. (Achtung auf die Tischhöhe, die möglichst gleichbleiben sollte!)
Anschließend kann man das Geschirr wieder auf seinen Platz räumen.
Situationen:
Die Hausfrau deckt in Eile den Tisch, die Familie kommt gleich zum Essen . . .
Die Hausfrau deckt in Eile den Tisch, die Gäste müssen gleich kommen . . .
Ein Junggeselle hat selbst gekocht (Hobbykoch, Gelegenheitskoch, vollkommener Laie oder Hausmann?) und erwartet nun seine Freundin, seine Familie, die aus dem Urlaub heimkommt, oder seine Frau, die auf Kur war.
Sicherlich dürfte nicht alles, was der Mime sich bei seiner Etüde vorstellt und denkt, beim Zuschauer ankommen. Trotzdem sind diese Vorstellungen äußerst

wichtig, selbst wenn der Zuschauer nur ein Tischdecken erkennen sollte: Es war dann wenigstens ein stimmiges Tischdecken und kein Abspulen von eingelernter Technik!

Etüde: Der Junggeselle (oder Junggesellin) hat gekocht und erwartet nun Besuch. Er deckt den Tisch. Die Tischdecke rutscht nach dieser, dann nach jener Seite, endlich liegt sie richtig, und er stellt die Teller darauf.

Er überlegt, wie er am engsten mit seinem Gast sitzen könnte, und probiert dies aus. Dann holt er die Gläser aus dem Schrank und poliert sie nochmals sorgfältig. Die Bestecke werden mit Spucke »nachgespült«, eine Kerze wird angezündet und auf dem Tisch plaziert. All diese Tätigkeiten sind von gespannter Vorfreude geprägt. Dann klingelt das Telefon . . . Man sieht es ihm an, daß es eine Absage ist. Zuerst wütend, dann traurig räumt der junge Mann den schön gedeckten Tisch wieder ab und stellt das Geschirr zurück in den Schrank. Schließlich nimmt er einen Löffel und beginnt direkt aus der Pfanne zu essen . . .

Spiel mit der Stange

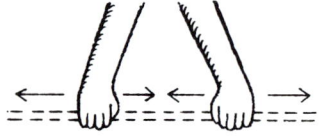

Die Schwierigkeit bei dieser Übung besteht darin, daß unsere Arme natürlicherweise ausgestreckt einen Halbkreis um den Körper beschreiben. Die Arme dürfen also nicht voll durchgestreckt sein, um dem Brustkorb noch die Möglichkeit zu geben, sich nach vorne durchzubeugen, wenn die Kreisbewegung der Arme beginnt.

Wir arbeiten zunächst an einer Stange, die nach Art der Ballettstangen waagrecht an einer Wand befestigt ist. Die Hände des Mimen ergreifen die Stange. Nun gleiten die Hände auseinander. Sie folgen der geraden Linie der Stange. Die Handgelenke werden sich immer mehr nach innen biegen müssen, um in einer Linie zueinander zu verbleiben. Der Brustkorb dehnt sich nach vorn und gleicht damit die Kreisbewegung, in die die Arme streben, wieder aus. Diese Übung ist eine der schwierigsten, aber auch eine der wichtigsten Übungen, denn mit ihr lernt der Mime, gerade Linien in den Raum zu zeichnen.

Verschiedene Situationen:

Man hat im Wald einen sehr geraden Stock gefunden und bestaunt ihn . . . (Hierbei bleibt eine Hand fest am Stock, da sie den Stab festhalten muß!)

Ein Ballettänzer macht seinen Körper an der Ballettstange für eine folgende Übung geschmeidig . . . (Der Körper des Mimen beugt sich auf und ab, die Stange bleibt nicht nur waagrecht, sondern muß auch für den Zuschauer in gleicher Höhe an der Wand bleiben.) Ein Gewichtheber umgreift die Stange seiner Hantel . . .

Ein Kind balanciert einen Besenstiel aufrecht auf der Hand . . .

Das imaginäre Essen

Diese Übung ist nicht nur sehr reizvoll und publikumswirksam, sondern auch für Sprechschauspieler sehr nützlich, wenn sie auf der Bühne mit vollen Backen essen sollen.

Man nimmt z. B. einen Apfel zur Hand. Die Hand des Mimen umgreift ihn und nimmt seine Form an. Der Apfel wiegt schwer in der Hand. Man führt ihn zum Mund und nimmt seinen Duft wahr. Nun graben sich unsere Zähne in den Apfel, und durch eine kurze Kippbewegung der Hand — dazu gleichzeitiger Kopftoc nach hinten — reißen wir ein Stück aus dem Apfel. Nun beginnt das Kauen: Dies muß für den Zuschauer sichtbar sein und darf sich nicht auf eine einfache Auf- und Ab-bewegung des Kiefers beschränken.

Die Zunge des Mimen stellt nun das Stück Apfel im Mund dar: Die Zunge wölbt die Wange nach außen, gleichzeitig machen wir eine Kaubewegung. Selbst-verständlich wechselt das Stück während des Kauens die Seiten im Mund und wird *während des langsamen Kauens immer kleiner, bis es deutlich sichtbar geschluckt wird.*

Selbstverständlich gibt es auch hier keine Kaubewegung an sich. Jede Speise, die man kaut, setzt dem Kauapparat anderen Widerstand entgegen: Der Apfel kann weich oder noch grün und hart sein, er ist saftig oder trocken und mehlig. Auch die Situation, in der wir unseren Apfel essen, zwingt unser Spiel in eine ganz bestimmte Richtung: Man kann den Apfel gestohlen haben — in dieser Situation schmecken Äpfel besonders saftig!

Man ißt den Apfel als Nachspeise, oder hungrig, weil es erst in einer Stunde etwas zu essen gibt . . .

Man könnte Seiten füllen allein über die Möglichkeiten, einen Apfel zu essen. Der Leser sei jedoch angeregt, neue Situationen zu erfinden, neue Personen und neue Apfelsorten, vorausgesetzt, daß er nicht nur vor dem Spiegel — der bei solchen Übungen sicherlich eine gute Hilfe ist — den pantomimischen »Trick« des Kauens einübt.

Verspeisen imaginärer Gegenstände

Hier seien nur einige von unzähligen Möglichkeiten angeführt:

Essen von Obst

Bananen (Achtung beim Schälen: die Schalen müssen gleich lang bleiben!)

Pfirsiche (Wegen des Saftes geht der Mensch in eine regelrechte »Pfirsichhaltung« und schlürft dann die Frucht.)

Kirschen (Hier sollte man sich Stiel und Frucht vergegenwärtigen. Der Mund trennt die Frucht vom Stiel; im Mund wird nun der Kern herausgelöst. Es bleibt der Phantasie des Spielers überlassen, auf welche Weise er nun den Kern entfernt!)

Hier können nun Variationen angefügt werden, indem man verschiedene Typen (wie z. B. betont vornehm, rüpelhaft, pedantisch usw.) in festgelegten Situationen (im Bahnabteil, auf einer vornehmen Einladung, auf der Straße usw.) das jeweilige Obst essen läßt.

Essen von gekochten Speisen

Hierbei kann der Mime vor den Zuschauern ganze Menüs verspeisen. Auch hier werden verschiedene Typen und verschiedene Situationen den Ablauf des pantomimischen Spiels beeinflussen: Ich werde z. B. zu Hause ganz anders auf zähes Fleisch reagieren als auf einer Essenseinladung meines Chefs!

Pantomimisches Trinken

Bei dieser Etüde wird die Stufung der pantomimischen Übungen besonders deutlich: Ich kann zuerst nur Technik üben und erlernen, wie man ein Stielglas oder ein Becherglas in die Hand nimmt. Dies aber bleibt leere Technik, wenn nicht — wie schon oben erwähnt — ein Pantomimenlehrer korrigiert und verbessert. In der nächsten »Stufe« kann der Mime nun zeigen, was sich im Glas befindet: saurer Wein oder eine himmlische Spätlese, Limonade oder Sekt usw. Man muß sich nur selbst beobachten, dann fällt das Nachdenken beim pantomimischen Spiel leicht! Die eigentliche Etüde beginnt aber erst, wenn sich der Mime eine Situation vorgegeben hat und einen Typ spielt, wie z. B.: Ich bin eingeladen bei netten Leuten, und der Hausherr kredenzt sauren Wein. Ich kenne die Gastgeber zuwenig, um sagen zu können, daß ich lieber Limonade trinke . . .

Es ist unnötig, hier die verschiedenen Getränke aufzuzählen, deren pantomimische Darstellung möglich ist. Es soll nur nochmals darauf hingewiesen werden, daß der Mime nicht nur »zeigen« soll, sondern das Getränk auch schmecken, spüren und riechen sollte!

Geschenke auspacken

Dies ist eine sehr reizvolle Übung in der Gruppe. Jeder Spieler geht einzeln vor die Zuschauer und hat Geburtstag, Weihnachten oder ähnliches. Er sieht nun auf einem Tisch ein Paket, das ihm gehört. Er trägt es zur Mitte und beginnt nun auszupacken und sein Geschenk zu bewundern. Durch sein Spiel erkennen die Zuschauer — sie sollten nicht raten müssen! —, welches Geschenk er eben auspackt.

Hier sind der Phantasie des Mimen keine Grenzen gesetzt: Von der konventionellen Vase bis zur aufblasbaren Gummipuppe, vom Marienkäfer bis zum Auto, einem Mimen kann man alles schenken und ihn auspacken lassen!

Christbaum schmücken

Eine weihnachtliche Übung! — aber warum eigentlich nicht im Sommer? Hier kommt es auf die Schwierigkeiten an, die die Form des Baumes dem Mimen bereitet. Je nach Baumschmuck kann die Etüde groteske Formen annehmen. Wenn man nun nach dem Schmücken des Baumes sich zur Tür hinausschleicht und draußen für sich selbst mit einem Glöcklein läutet und dann freudestrahlend den eben geschmückten Baum betrachtet und die selbstverpackten Geschenke überrascht auspackt, wird aus der einfachen Etüde eine hintergründige pantomimische Geschichte über Weihnachten, Einsamkeit und Selbstbetrug.

Öffnen von Türen

Bevor der Mime pantomimisch eine Tür öffnet, sollte er — sich und seinen Körper genau beobachtend — real eine Tür öffnen: Die Hand ergreift die Klinke — die Hand drückt durch eine Kippbewegung (auch den Widerstand der Klinke nicht vergessen!) die Klinke nach unten und öffnet damit das Türschloß — die Tür springt damit einen schmalen Spalt auf — nun schiebt der Arm die Tür, die aber in den Angeln einen Halbkreis beschreibt, nach innen auf und folgt ihr — die rechte Hand löst sich von der Klinke — der Körper des Mimen dreht sich nun um 180 Grad, gleichzeitig ergreift die linke Hand die Klinke — nun wird die Tür wieder ins Schloß gedrückt — der Mime dreht sich weiter, bis er mit dem Rücken zur Tür steht. (Schwieriger ist es, ohne sich zu drehen, mit der Hand nach hinten die Tür ins Schloß zu drücken.)

Wenn das Körpergedächtnis diese alltägliche Bewegung gespeichert hat, kann sofort zu verschiedenen Arten von Türen übergegangen werden: Schwingtür im Salon, Drehtür im Hotel, Haustür, Tür zum Speicher, Kirchenportal usw.

Diese verschiedenen Türen können ganz verschiedene Menschen öffnen: Chef, Angestellter, Schulbub, Schaffner, Dieb, Haushofzeremonienmeister, und dies zu verschiedenen Tageszeiten und in ganz unterschiedlichen Stimmungen!

Das Spiel mit einem Knopf

Auf die Darstellung, wie man einen Knopf an einen Kittel näht — selbstverständlich sind alle Teile imaginär — kann man kleine Studien aufbauen: Die Schneiderin wird den Knopf anders annähen als eine des Nähens unkundige Studentin, er wird in einem anderen Rhythmus angenäht werden, wenn die Vierzehnjährige heimlich den Knopf wieder annäht an das Kleid, das sie verbotenerweise angezogen hat, als wenn kurz vor Abmarsch in die Oper wieder mal der Hemdknopf weggeplatzt ist.

Ein Regal abstauben

Auf einem imaginären Regal können viele Gegenstände stehen, die abgestaubt werden sollen. Hierbei sollte sich aber das Spiel nicht nur auf »umrißmalende« Gesten beschränken. (So z. B. beschreiben die Finger ein Viereck in der Luft, wenn der Gegenstand eine Schachtel ist: die Pantomime wird auf diese Art sehr schnell zur Scharade und zum Ratespiel.) Jeder Gegenstand birgt eine Erinnerung, die Dinge auf dem Regal können lebendig werden, es können Leute auftauchen und Situationen entstehen, die mit dem Abstellen des Gegenstandes ins Regal wieder verschwinden . . .

Auftritt eines Zauberers

Wie reizvoll und phantasieanregend Pantomime sein kann, zeigt die Möglichkeit, Gegenstände oder Tiere »hervorzuzaubern«. Natürlich sind bei dieser Etüde Mimik und geheimnisvolle Gesten eines Zauberers unbedingt notwendig.

Arbeit am Fließband

Der einzelne Mime stellt zunächst die Arbeit am Gegenstand — seinen Handgriff — dar. Dabei wird auch der Gegenstand an sich sichtbar. Mehrere Mimen können nun nebeneinander ein Fließband darstellen. Der Gegenstand wird bearbeitet, weitergegeben und ein noch unbearbeiteter Gegenstand entgegengenommen.

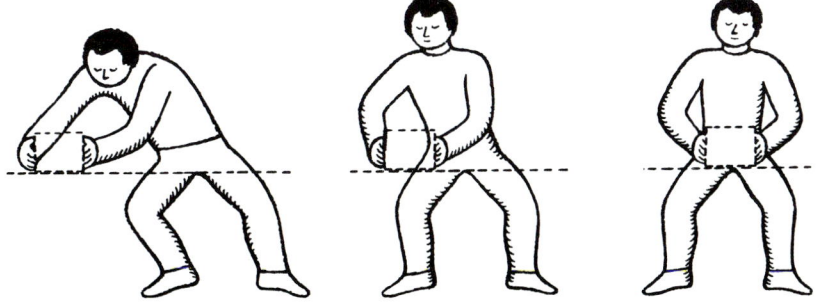

Diese Etüde kann sich zunächst nur auf Umriß, Form und Gewicht — aber auch Wichtigkeit und Schwierigkeit der Herstellung — des Gegenstandes beschränken. Zu dieser Spielmöglichkeit muß dann aber auch die Beziehung der Arbeiter untereinander und auch die Beziehung der Arbeitenden zum Gegenstand gespielt werden.

Hierzu sei ein kurzer Abschnitt aus »Über den Beruf des Schauspielers« von *Bertolt Brecht* zitiert: »... Dann gibt es Gesten, deren Verständnis durch Tradition gegeben ist, wie das bejahende Kopfnicken. Illustrierende Gesten, wie diejenigen, welche die Größe einer Gurke oder die Kurve eines Rennwagens beschreiben ... Wir sprechen ferner von einem Gestus. Darunter verstehen wir einen ganzen Komplex einzelner Gesten der verschiedensten Art zusammen mit Äußerungen, welche einem Vorgang unter Menschen zugrunde liegt und die Gesamthaltung aller an diesem Vorgang Beteiligten betrifft. Ein Gestus zeichnet die Beziehung von Menschen zueinander. Eine Arbeitsverrichtung zum Beispiel ist kein Gestus, wenn

sie nicht eine gesellschaftliche Beziehung enthält wie Ausbeutung oder Kooperation.«[10]

Groteske Form des Spieles mit dem imaginären Gegenstand

Bei all den bisherigen Anregungen, nie die Technik zu üben, sondern immer
eine Situation auszuspielen, möchte vielleicht der Eindruck entstanden sein, daß der
Pantomime bestrebt sein soll, die Wirklichkeit besonders genau wiederzugeben.
Dies muß nicht der Fall sein! Gerade das Spiel mit dem imaginären Gegenstand
lädt ein, Geschichten zu spielen und zu erfinden, die in der Realität nicht möglich
sind.

So kann man zum Beispiel friedlich beim (imaginären) Mahle sitzen; man hat
eben die vorzügliche Suppe gelöffelt, einen Schluck Wein getrunken, und nun
wird der Hauptgang, ein Huhn, serviert. Man will sich ans Zerteilen des Huhnes
machen, da wird das Federvieh plötzlich lebendig und beginnt im Zimmer umher-
zuflattern ...

Wandlung eines Gegenstandes

Ein Spazierstock, der auf eine Wanderung mitgenommen wird, verwandelt sich
zweckgebunden in einen Regenschirm, wenn es zu tröpfeln beginnt. Wird der Weg
immer steiler, zieht man den Stock einfach in die Länge und benützt das Seil als
Sicherung ... Man muß kein Zauberer sein, in der Pantomime ist alles möglich.
(Allerdings darf man aus solchen Etüden kein Ratespiel — es sei denn im Spiel mit
Kindern — machen.)

Wir malen uns Kleider

Eine reizvolle Möglichkeit, seine Garderobe zu vervollständigen, ist es, mit
Kreide auf eine Tafel z. B. eine Hose zu malen. Diese Hose wird nun vorsichtig
abgezogen, gedehnt und gestreckt und schließlich angezogen.

Hier bietet sich besonders die Gelegenheit, Pantomime im Spiel mit Kindern ein-
zusetzen — auch z. B. bei gehörgeschädigten Kindern. Hier wird aber in einem ge-
sonderten Kapitel nochmals darauf hingewiesen und spezielle Übungen werden angeboten.

Alles wird zu Gummi

Mit dem Öffnen der Wohnungstür bemerken wir, daß alle Gegenstände, die wir
berühren, zu Gummi werden: der Tisch, der Stuhl, der Mantel, die Kaffeekanne
und schließlich der Mime selbst.

---

10 *Bertolt Brecht*, Über den Beruf des Schauspielers.

Die imaginäre Kraft

Wie schon in einem früheren Kapitel erwähnt, muß sich der Mime in diesem Bereich des pantomimischen Spiels stets des natürlichen Kraftaufwandes, den eine Aktion von ihm fordert, bewußt werden. Hierbei ist es von Vorteil, wenn man diesen Kraftaufwand zunächst in der Wirklichkeit vornimmt und einen ähnlich schweren Gegenstand hebt, schiebt oder zu sich zieht. Durch genaue Beobachtung, was sich während der Aktion körperlich »ereignet«, wird der Mime befähigt, dies in seiner Erinnerung nachzuvollziehen. Erst dann kann eine pantomimische Kraftübung mit Situation und Leben erfüllt werden. Obwohl der Bereich »imaginäre Kraft« einer genauen Körperanalyse und eines eifrigen Trainings des Muskelgedächtnisses bedarf, sollte man die »reine« Kraftdarstellung auf den Übungsraum beschränken und nicht als Stilübung, wie z. B. das Seilziehen in reiner Form, auf die Bühne bringen. Nur allzuleicht entsteht sonst der Eindruck pantomimischer Kraftmeierei. Schon der geringste Anflug der Meinung »schaut her, wie toll ich das kann!« verdirbt Ausstrahlung und Einfühlungsvermögen des angehenden Mimen.

Vorübungen zum Gezogenwerden

Eine ganz einfache Partnerübung vermittelt das Gefühl des Gezogenwerdens: Der passive Partner streckt den rechten Arm aus, der aktive Partner ergreift die Hand und zieht mit einem kurzen oder gedehnten Kraftaufwand. Hierbei blickt der passive Partner nicht in die Zugrichtung, sondern geradeaus.

Der Partner verkürzt nun den Kontakt, indem nur noch die Fingerspitzen aufeinandergelegt werden. In der nächsten Stufe berühren sich noch die Fingerkuppen, in der letzten Form dieser Übung sind die Fingerspitzen etwa 1 cm entfernt und der passive Partner fühlt nur noch den Zug des Partners, übernimmt aber mit fortschreitender Übung immer mehr das Gezogenwerden. Zuletzt gibt der aktive Partner nur noch sichtbar den toc des Gezogenwerdens vor.

In einer weiteren Partnerübung werden die einzelnen Stationen des Gezogenwerdens aufgesucht: Der passive Partner streckt den Arm seitwärts und steht locker gespannt und hat die Augen geschlossen, um sich ganz auf seinen Körper konzentrieren zu können. Der aktive Partner berührt nun leicht mit dem Finger die Stationen des Gezogenwerdens. Bei jeder Station streckt der passive Partner die bisher berührten Körperteile in Richtung des Zuges. Damit wird die Gesamteinwirkung eines Zuges in »merkbare« Einzelschritte zerlegt: Der aktive Partner berührt Fingerspitzen, Handgelenk, Ellbogen, Schulter und den Teil unterhalb der

Achselhöhle. Bei dieser Übung muß darauf geachtet werden, daß der Arm beim Gezogenwerden immer waagrecht bleibt. Die Richtung des Armes gibt später dann die
Situation an (z. B. ein großer oder ein kleiner Gegner beim Tauziehen).

Die Translation

Hierunter ist eine Verschiebung eines Körperteiles in eine festgelegte Richtung zu
verstehen, wobei der jeweilige Körperteil während der Verschiebung unbedingt
senkrecht bleibt. Brusttranslation: Kopf, Oberkörper und Becken bilden eine gerade
senkrechte Linie. Kopf und Becken behalten diese senkrechte Haltung bei, ohne in
eine Kippbewegung auszuweichen, während sich der Brustkorb (ungefähr zwischen
Kehlkopf und Nabel) nach rechts oder links verschiebt und dabei ebenfalls senkrecht bleibt.

In ähnlicher Weise können Kopf und Becken eine Translation ausführen, und
dies nicht nur seitwärts, sondern nach allen Richtungen.

Streckt man nun bei der Translation des Brustkorbes nach rechts den rechten Arm
seitwärts aus und schiebt damit den Arm vom Körper weg, so schafft man für den
Zuschauer die Illusion des Gezogenwerdens. Kommt nun die Erinnerung des
Mimen an die reale Bewegung hinzu, so kann man vom pantomimischen Gezogenwerden sprechen.

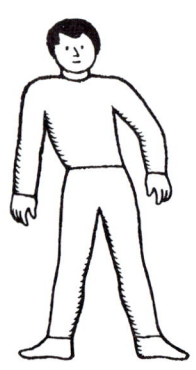

Übungen zum Gezogenwerden

Tauziehen mit einem imaginären Partner:

Hier sollte nicht nur die Stilübung »zelebriert« werden, sondern die Aktion
in eine Situation (wie z. B. beim Sport als Angeber, dem eine Lektion erteilt wird
oder der seine Lektion nie lernen wird usw.) eingebettet werden. Die waagrechte
Haltung des gezogenen Armes wird hierbei nur geringfügig von der Größe des
imaginären Partners beeinflußt.

Ein Hundeliebhaber führt einen Hund spazieren

Der Hund ist allerdings sehr groß und stark und zieht das Herrchen oder Frau-
chen dorthin, wo es für ihn interessant ist. Der Hund sollte mit etwa einem Meter
Schulterhöhe dargestellt werden, wenn nicht der Eindruck entstehen soll, daß der
Mime von einer geheimnisvollen Gewalt in den Erdboden gezogen wird. Ebenfalls
sollte berücksichtigt werden, daß der Hund nicht vom Herrchen mit einer festen
Stange geschoben wird: Die Leine (und damit der Zugarm) ist locker und hängt

durch, nur im Moment des Gezogenwerdens strafft sie sich, um sofort danach wieder locker zu sein. Es darf nicht der Eindruck entstehen, daß die Leine stets gestrafft ist!

Drachen steigen lassen

Hier ist die Zugbewegung nach schräg oben, die nicht im toc wirkt, sondern stets vorhanden ist. Auch bei dieser Übung sollte man sich stets von einem Partner kontrollieren lassen, ob nicht der Eindruck des Schiebens entsteht!

Marionette

Dies ist eine der anspruchsvollsten und schwierigsten Übungen des Gezogenwerdens. Hierbei muß nämlich nicht nur auf die Fäden geachtet werden, die z. B. einen Arm senkrecht nach oben ziehen, sondern auch auf die Schwere dieses Armes, der — losgelassen — im freien Fall senkrecht der Erdanziehung gehorcht, bis ihn das Führungsseil wieder bremst. Besonders schwierig wird die Darstellung einer Marionette dadurch, daß der ganze Körper des Mimen ständig von wechselnden Fäden gezogen wird.: »... zudem haben die Puppen den Vorteil, daß sie antigrav sind. Von der Trägheit der Materie wissen sie nichts, weil die Kraft, die sie in die Lüfte hebt, größer ist als jene, die sie an die Erde fesselt. Die Puppen brauchen den Boden nur, um ihn zu streifen wie die Elfen und den Schwung der Glieder, durch die augenblickliche Hemmung, neu zu beleben; wir brauchen ihn, um darauf zu ruhen, und uns von der Anstrengung des Tanzes zu erholen: ein Moment, der offenbar selber kein Tanz ist, und mit dem sich nichts weiter anfangen läßt, als ihn möglichst verschwinden zu machen.«[11]

---

11 *Heinrich von Kleist*, Über das Marionettentheater.

Vorübungen zum imaginären Ziehen

Hier können, ähnlich wie beim Gezogenwerden, Partnerübungen eingesetzt werden, um die Erinnerung an die Körpertätigkeit aufzufrischen und überhaupt möglich zu machen.

Im Gegensatz zum Gezogenwerden, durch das der Mime durch die einwirkende Kraft aus dem Gleichgewicht gebracht wird und dieses durch Einpendeln der Füße wiederhergestellt werden muß, endet das Ziehen mit einem Herstellen von Gleichheit (wenn der »Gegner« gleich stark ist) oder mit dem bewußten Verschieben des eigenen Schwerpunktes.

Das seitliche Ziehen

Die Hand wendet sich ausgestreckt dem zu ziehenden Gegenstand oder Partner zu und prüft den Widerstand. Ist dieser schwach, genügt die Muskulatur des Armes, um ihn zu überwinden. Reicht aber die Kraft des Armes nicht aus, so muß der ganze Körper eingesetzt werden: Das Becken schiebt sich dem Widerstand entgegen, die Hüfte hebt sich, und gleichzeitig beugt sich der Oberkörper vom Widerstand weg, um den Arm noch weiter zu strecken. Ist das Gleichgewicht von Zug und Gegenzug erreicht, wird durch einen Seitwärtsschritt der Gegner aus dem Gleichgewicht gebracht oder die Aktion wird nun durch ein Gezogenwerden weitergeführt. Wird nun eine Situation gespielt, so ist eine Kontaktaufnahme mit dem imaginären Partner unerläßlich.

Das senkrechte Ziehen — von oben nach unten

Die Hand nimmt Kontakt mit dem Glockenseil oder Ring, der von der vorgestellten Decke hängt, auf und erschafft ihn damit. Der Mime blickt auf den zu bewegenden Gegenstand. Der Körper krümmt sich nun zusammen, der Kopf und Rücken ziehen nach unten, wobei das Becken unterhalb des gezogenen Seiles gehalten wird. Da die Zugkraft sich in gerader Linie bewegt, bilden Endpunkt des Seiles (= Hände), Becken und verlängerter Schwerpunkt des Körpers am Boden stets eine Linie. Endpunkt der Aktion ist eine Beendigung des Widerstands oder ein Übergehen in ein Gezogenwerden, dem der Körper keine Gegenwehr entgegensetzt (wenn man beim Glockenläuten den Strang durch die Finger gleiten läßt).

Das senkrechte Ziehen — von unten nach oben (= einhändiges Heben)

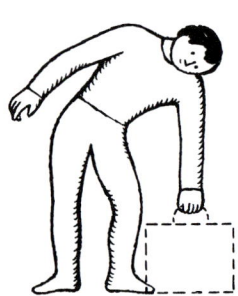

Der Mime stellt sich im richtigen Abstand zum Gegenstand auf und stellt den Kontakt her. Das Becken nähert sich im Moment des Hebens dem Gegenstand, während der Oberkörper von ihm wegstrebt. Dadurch streckt sich der Arm, der den

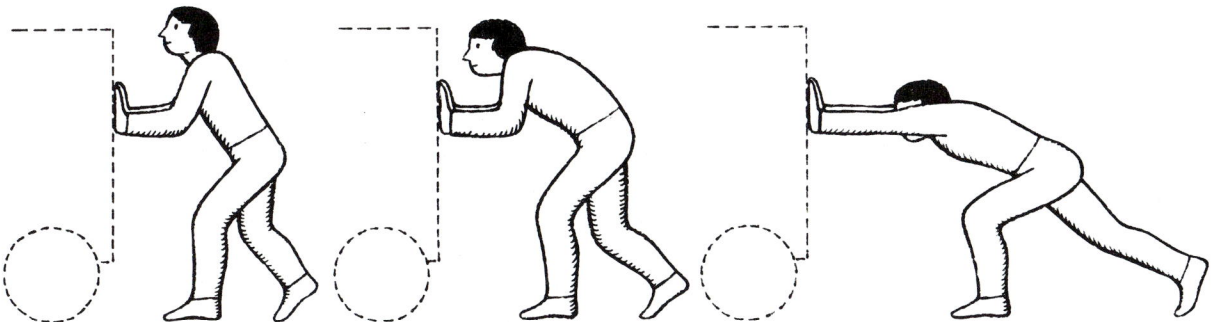

Gegenstand festhält. Das Gewicht des Gegenstandes zieht auch nach der Hebung zu Boden. Dadurch muß das Becken weiterhin seitwärts stark verschoben bleiben. Wichtig ist hierbei, daß Form und Größe des Gegenstandes, der vorher durch Blick und Hände erschaffen wurde, auch während des Hebens und in der Zeit des Tragens sich nicht verändert, sondern durch seine Form und Größe die Beugung des Oberkörpers und die Verschiebung des Beckens bestimmt. Auf alle Fälle sollte man seine Tragehaltung durch reale Gegenstände, die man trägt, immer wieder überprüfen und dabei seine Körperhaltung analysieren.

Das Schieben und Drücken

Das Hauptmerkmal dieser Bewegung ist es, daß die Kraft des Schiebenden vom Körpermittelpunkt, um den sich Becken und Oberkörper krümmen, erstens gegen den Gegenstand und zweitens gegen den Fußboden als Stützpunkt geht. So drückt der Mime als Gewichtheber die Hantel nach oben, indem er, nachdem er Kontakt mit der Stange aufgenommen hat, seine Knie beugt und seinen Rücken krümmt. Das Becken wird in die gerade Bewegungslinie gebracht und über den Körperschwerpunkt gestellt. Mit einem toc hebt der Mime die Hantel bis in Schulterhöhe. Nun stemmen sich die Beine gegen den Boden, gleichzeitig strecken sich die Arme vom Körpermittelpunkt weg. Arme, Becken und Füße bleiben in einer Linie.

Schiebt man ein Klavier von einer Seite der Bühne auf die andere, so befindet sich das Becken des Mimen zuerst über dem Stützpunkt der Beine. Nun krümmt sich der Körper um den Körpermittelpunkt, die Beine strecken sich und die Brust schiebt nach vorn und streckt damit die Arme: der Gegenstand wird geschoben, im Falle des Klaviers, das ja Räder hat, genügt nun das Einstemmen der Beine. Muß der Gegenstand immer wieder geschoben werden, so muß sich der Mime ruckweise mit dem Gegenstand fortbewegen.

Übungen zum Ziehen und Schieben

Tragen von Lasten

Akten, Bücher, Korb, Eimer (leer und gefüllt), Koffer, Kiste (mit und ohne Griffe), Stein (Form beachten!), Kissen, Karton, Tablett und alle Gegenstände, die sich tragen lassen. In der grotesken Form der Pantomime kann man auch Elefanten durch die Gegend tragen!

In der ersten Stufe dieser Übung wird nur die Last erarbeitet. Wichtig ist es, daß der Mime nicht nur über das Gewicht, sondern auch über die Form und über die Funktion des zu tragenden Gegenstandes nachdenkt, bevor er mit dem Spiel beginnt.

In der zweiten Stufe wird nun dem Menschen, der diese Last trägt, »ein Gesicht gegeben«. Nun tragen Bürodiener Akten, Maurer Ziegelsteine und Spediteure Klaviere . . .

In der dritten Stufe kann man mit Kontrasten arbeiten: der Schmied mit seinen klobigen Fingern hebt eine Nadel auf und der schwächliche Schneider müht sich mit dem riesigen Schmiedehammer ab . . .

In der vierten Übungsstufe kann den Typen, die hier Lasten tragen, noch ein Vorleben und eine Gemütsverfassung gegeben werden: Der Student, der körperliche Arbeit nicht gewohnt ist, müht sich mit einem schweren Möbelstück ab, will sich aber vor den grinsenden Mitarbeitern keine Blöße geben . . .

Der Glöckner

Er sperrt mit einem großen Schlüssel die Tür zum Glockenturm auf, greift das Glockenseil und beginnt die Glocke zu läuten. Deutlich muß hierbei das schwingende Seil dargestellt werden . . .

Der Gewichtheber

Ein Muskelprotz betritt die Bühne und verneigt sich. Er kann vor Kraft kaum laufen. Nachdem er die Hantel noch um etliche Gewichte erschwert hat, staubt er sich die Hände mit Magnesia ein. Nun nimmt er Kontakt zur Hantel auf. Er prüft das Gewicht und wuchtet es zur Hochstrecke . . .

In einer grotesken Variante dieser Etüde kann das Gewicht auch in der Luft frei hängenbleiben und der Athlet zieht sich mit einem Klimmzug selbst an ihm hoch . . .

Eine Flasche entkorken

Dem Spiel mit dem imaginären Gegenstand folgt der imaginäre Widerstand des Korkens. Die Aktion endet mit einem zufriedenen Schlürfen aus einem Glas . . .

Drehen einer Kurbel

Ein Drehorgelspieler kämpft mit der Tücke des Objekts: Mal läßt sich die Kurbel des Leierkastens kaum bewegen, mal wirbelt sie den Mann mit sich herum . . .

Übungen zur allgemeinen Krafteinwirkung

Schlag und Stoß

Der Mime läuft während dieser Übung im selbstgewählten Tempo im Raum umher. Nun erhält er während des Laufens einen imaginären Tritt in die Kniekehle, einen Schlag gegen das rechte Handgelenk usw.

Der Mime steht locker, und nun wirken ebenso wie beim Laufen Kräfte auf ihn ein, auf die er reagiert.

Wenn der Mime über ein schwankendes Brett balanciert, wirken von unten Kräfte gegen seinen Körper und heben ihn etwas im Rhythmus der Schwingungen. Variationen hierzu sind Gehen auf einem imaginären Seil, Stehen im schwankenden Boot usw.

Der imaginäre Partner

»... des Menschen Phantasie will auf die Dauer nicht erschlagen und bevormundet sein. Sie will gelockt werden, sich ausbreiten und dem was gezeigt wird, immer aus Eigenem noch etwas hinzufügen.«[12] Dieser Satz von *Friedrich Luft* trifft besonders auf den Bereich der imaginären Person zu: Der Mime streckt seine Hand aus und umfaßt eine andere imaginäre Hand; an seinem Blick und seinem Gesichtsausdruck erkennt das Publikum, wie der Mime zum Begrüßten steht, und schon fügt der Zuschauer der imaginären Person Gesichtszüge, Charaktereigenschaften und Verhalten von eigenen Bekannten bei. Wenn der Mime z. B. auf einer Party einen »Händeschüttler«, der den Begrüßten nicht mehr losläßt und immer und immer wieder dessen Hände schüttelt, begrüßt, so hat diese Person für den Mimen in seiner Zurückerinnerung ganz bestimmte Gesichtszüge, für jeden der Zuschauer aber ebenfalls. Dies macht ja insgesamt den Reiz der Pantomime für den Zuschauer aus, daß der Mime nur eine Geschichte anbietet, der Zuschauer sie jedoch mit Erinnerungen und Assoziationen aus seinem eigenen Lebensbereich füllt. Selbstverständlich ist es hierfür wichtig, daß der Mime selbst über die Person, die er begrüßt, nachdenkt und sie mit Leben füllt. Nur dann wird die Gefahr eines Ratespiels umgangen, wenn der Mime nicht Technik zeigt, sondern Figuren aus seiner eigenen Erlebniswelt auf die Bühne holt. Technik ist zwar Voraussetzung für ein deutliches Spiel, nicht das Spiel selbst! Außerdem ist ein ratendes Publikum nicht fähig zu

---

12 *Friedrich Luft*, in: »Vlatten, Spiel ohne Worte«.

assoziieren, da es damit beschäftigt ist, zu erforschen, »was der Pantomime denn jetzt wohl meint«.

Übungen und Etüden zum imaginären Partner

Die Übungen werden jetzt umfangreicher und schließen die Darstellung von imaginärer Kraft und imaginärem Gegenstand selbstverständlich ein.

Auf einer Party

Das Spiel beginnt mit der Toilette des Mimen, der sich für die Party »fein macht«. Er geht auf die Straße, trifft etliche Bekannte, die er höflich grüßt. Dann langt er beim Gastgeber an. Er bedankt sich bei ihm für die Einladung, begrüßt die Dame des Hauses mit Handkuß und Blumen und begibt sich nun auf die »Begrüßungstour«: Große und Kleine, Sympathische und Unsympathische, alte Bekannte und Fremde, denen man vorgestellt wird, Honoratioren und Untergebene, alle werden begrüßt. Sollte man in die Szene zwischen den einzelnen Begrüßungen Gespräche mit den imaginären Partnern einflechten, muß sich der Mime vor dem sogenannten »stummen, lautlosen Sprechen« hüten! Pantomime ist nicht lautlos gesprochener Text. Bei der Darstellung einer Unterhaltung sollte der Mime Rhythmus und Gestik der sprechenden Person darstellen, nicht aber nur »den Ton abschalten«!

An die Begrüßungstour kann sich ein Essen, ein Besäufnis oder ein Streit anschließen. Der Phantasie des Mimen sind keinerlei Grenzen gesetzt!

Staatsempfang

Ähnlich wie bei der Party können hier alle möglichen Typen gezeigt und in der Phantasie des Zuschauers zum Leben erweckt werden. Diese Szene kann von verschiedenen Blickpunkten aus angegangen werden: Man kann den Staatspräsidenten mimen und seine Gäste begrüßen, ebenso können die verschiedensten Gäste in ihrer Reaktion auf die Huld des Präsidenten gezeigt werden. Die Szene kann aber auch auf eine einzige Figur aufgebaut werden, die, unerfahren auf dem diplomatischen Parkett, so alles Mögliche und Unmögliche erlebt ...

Babysitter

Der Mime hat hierbei die Möglichkeit, all sein pädagogisches Talent an imaginären Kindern — große und kleine, brave und ungezogene — auszuprobieren.

Das Rendezvous

Der Liebhaber wartet an der verabredeten Stelle und sie kommt nicht. Er mustert die Vorübergehenden, begrüßt Bekannte und endlich kommt sie. Doch es war nur falscher Alarm! Er macht das uralte Spiel »sie liebt mich, sie liebt mich nicht...«. Er wirft erbost über die Unpünktlichkeit die Blumen weg — und da kommt sie... Der Schluß der Etüde bleibt der Phantasie und dem Temperament des Mimen überlassen.

Expedition ins All

In einer grotesken Form des Spiels mit dem imaginären Partner kann der Mime die Deutlichkeit und Klarheit seines Spiels erproben: Nach der Startphase (Andruck auf den Sessel) und der Flugphase (Schwerelosigkeit des Mimen und auch von Gegenständen in der Weltraumkapsel) landet endlich die Rakete auf einem fremden Stern. Der Mime kann nun weiterhin Schwerelosigkeit demonstrieren. Nun trifft unser pantomimischer Astronaut eine Unzahl von exterrestrischen Wesen. Er darf sich allerdings hierbei nicht nur auf Zeigegesten beschränken: wie z. B. fünfmal kurz hintereinander eine Hand drücken bedeutet, daß das Wesen fünfarmig ist. Gerade bei dieser Form des pantomimischen Spiels muß der Mime sehr viel über die Personen nachdenken. Er muß den Unterschied wahrnehmen zwischen einer harten Hand und einer schwabbeligen Pranke, er muß zeigen, ob diese Hand behaart ist oder glatt, und hat der weibliche Sternbewohner drei Busen, so muß dies im Spiel des Mimen sichtbar werden und darf sich nicht auf dreimaliges Zeigen der hohlen Hand beschränken!

Im Zirkus

In dieser Etüde kann der Mime so ziemlich alle Tiere dem staunenden Publikum vorführen: Er schafft hierbei die Tiere und ihre Bewegungen hauptsächlich mit seinem Blick und mit seiner Reaktion. Zeigegesten, die mit den Händen die Umrisse des Tieres signalisieren, damit das Publikum besser raten kann, sind höchstens beim Uralt-Kalauer des »Elefantenwaschens« erlaubt!

Der Mime öffnet die Gittertür und jagt die hereinschleichenden Löwen auf ihre Podeste. Nun holt er den Reifen und fordert den Löwen zum Sprung auf. Alle Bewegungen des Tieres werden nun nur noch durch Blick und Reaktion dargestellt, denn der Mime befindet sich in der Rolle des Dompteurs. Der Löwe kann nun unterm Reifen durchlaufen, über ihn springen oder unbeweglich sitzen bleiben. Daß die Dressur auch eine groteske Form annehmen kann, müßte gar nicht erwähnt werden. So könnte sich z. B. der Dompteur nicht darauf beschränken, den Kopf in den Rachen des Löwen zu stecken, sondern ganz in die Bestie hineinzukriechen ...

Der imaginäre Raum

Dieser Bereich des pantomimischen Spiels setzt das harte und fleißige Einüben von klarer Technik voraus: Bei der Darstellung des pantomimischen Gehens, der imaginären Wand, des Treppensteigens und anderer Etüden genügt das Nachdenken über die Situation nicht mehr. Deshalb soll in diesem Kapitel die Technik der oben angeführten Möglichkeiten der Darstellung imaginären Raumes so genau, wie dies nur möglich ist, beschrieben werden. Allerdings sei eines vorweg gesagt: Es gibt kaum einen Mimen, der diese Techniken im Alleinstudium, nur mit Hilfe eines Buches, zur Bühnenreife gebracht hat. Hierzu braucht es nicht nur Fleiß und Körperbewußtsein, sondern auch die Kritik und die Anregung eines Pantomimen, der zeigen und verbessern kann. Wer als Mime auf die Bühne will, möchte dieses Buch als Anregung verstehen und sein Können in den zahlreichen angebotenen Werkshops holen! Wer jedoch ohne Ambitionen pantomimisches Spiel betreiben will, in Jugendgruppen, Schulklassen und Laienspielensembles, der könnte jetzt getrost die nächsten Seiten überschlagen. Für das »normale« pantomimische Spiel — besonders mit Kindern — genügt es, auf der Stelle zu laufen, um einen Mann darzustellen, der spazierengeht. Ebenso müssen bei der Darstellung der Wand nicht die Körperverschiebung, Translation und toc sein; einfaches Abtasten der Wand genügt, um sie entstehen zu lassen.

Dies ist nicht die Einstellung eines Profis, der behauptet, für Laien würde die vereinfachte Form gerade noch gut genug sein! Aber die Aneignung einer Technik, die man zwar innerhalb von drei Monaten erlernen, aber nur im Lauf von Jahren verbessern kann, rentiert sich nur für jemand, der dieses Spiel profihaft betreiben will. Besonders Kinder und Jugendliche sollte man nicht mit dem Training von Profis belästigen und ihnen dadurch den Spaß am Spiel schmälern. Dies trifft besonders auf die Verwendung der Pantomime im Bereich der Therapie und der Spielpädagogik zu. Spielszenen — wie sie z. B. in einem späteren Kapitel in der Form von »Mimolandreisen« noch beschrieben werden — sollten prinzipiell als Mitspielaktionen verstanden werden, wobei sich der Spielleiter, auch wenn er die Technik des pantomimischen Gehens beherrscht, zurückhält, um Gleicher unter Gleichen zu sein.

Vorübungen zum pantomimischen Gehen

Das Gefühl, auf dem Boden zu stehen

Der Mime steht, die Füße parallel und leicht in Grätsche, und hat die Augen geschlossen. Seine gesamte Konzentration verlagert sich in die Fußsohlen: Er steht bewußt. Er empfindet den Druck seines Körpergewichts auf den Boden, er fühlt den Boden, auf dem seine Füße stehen. Der rechte Fuß wird nun entlastet, ohne daß die Sohle vom Boden gelöst wird, das Gewicht dabei auf den linken Fuß verlagert. Der Mime nimmt bewußt diese Veränderung wahr. Nun verfährt man, nachdem das Körpergewicht wieder auf beide Sohlen gelagert wurde, mit dem linken Fuß ebenso. Zweck dieser Übung ist es, bewußt stehen zu lernen und sein »Verwurzeltsein« mit dem Boden zu erleben.

Nun wird das Körpergewicht — die Augen sind noch geschlossen — auf die Zehenballen verlagert, dann auf die Fersen, wobei die Sohlen flach auf dem Boden verbleiben. Nach dieser Übung werden die Innenkanten, anschließend die Außenkanten der Sohlen belastet. Bei dieser Übung sollte man sich sehr viel Zeit lassen und sie öfter wiederholen. Der Mime sollte hierbei förmlich in seinen Körper hineinkriechen und von innen beobachten, was mit seinem Körper und mit dessen Gewicht bei diesen Verlagerungen geschieht. In der nächsten Stufe dieser Vorübung werden nun nacheinander die Fersen, die Zehenballen — abwechselnd rechts und links — bei der Gewichtsverlagerung vom Boden gelöst. Der Körper des Mimen darf aber die Gewichtsverlagerungen nicht durch Pendeln des Oberkörpers ausgleichen, sondern muß in seinem Körperschwerpunkt senkrecht bleiben.

Vorüberlegungen zum pantomimischen Gehen

Nachdem uns die vorige Übung mit dem bewußten Stehen konfrontiert hat, müssen wir uns nun Gedanken über das Gehen machen.

Wir müssen uns bewußt werden, daß »gehen« weniger eine Sache der Füße ist, sondern vielmehr eine Bewegung und Betätigung des Körpermittelpunktes und des Rumpfes.

»Gehen ist Druck« (Jean-Louis Barrault).

Dieser Druck ist zweifach erfahrbar: Zuerst der Druck nach vorn, um den Widerstand der Luft zu überwinden, dann der Druck nach hinten gegen den Boden, der als Stütze dient, um den Körper gegen die Schwerkraft nach vorn zu drücken, dem imaginären Ziel entgegen. Bei dieser zweifachen Aktion drückt die Brust nach vorn, die Beine schräg nach unten gegen den Boden. Der Ausgangspunkt beider Aktionen, die gleichzeitig ablaufen, ist der Körpermittelpunkt.

Das Gehen hat einen Rhythmus, »der aus abwechselndem Zusammenziehen und Ausdehnen besteht und der eine aktive und eine passive Aktion mit sich bringt. Die aktive Aktion ist der Druck des einen Beines gegen den Boden und der Druck der Brust gegen die Luft. Die passive Aktion liegt darin, das andere Bein von hinten nach vorne zu bringen, um dem Fuß eine neue Stütze zu geben, während die Brust unbeweglich im Raum bleibt« (Jean Soubeyran)[13].

Diesen Rhythmus der Gewichtsverlagerung und des Vorwärtsschreitens auf dem Platz muß der Mime zuerst spüren und in sich aufnehmen, indem er — ähnlich wie in der vorigen Übung — mit geschlossenen Augen das Gewicht des Körpers von einem Bein auf das andere verlagert und dabei auch den Druck gegen den Boden und gegen die Luft bewußt wahrnimmt.

---

13 *Jean Soubeyran*, Die wortlose Sprache.

Die liegende »8«

Bei dieser zum pantomimischen Gehen überleitenden Übung steht der Mime wieder mit parallel leicht geöffneten Beinen und geschlossenen Augen.

Das rechte Bein wird entlastet. Das Gewicht ruht auf dem linken Bein. Nun wird die Sohle des rechten Fußes angehoben und der rechte Fußballen bewußt auf den Boden aufgesetzt. Das Gewicht verlagert sich nun langsam auf den rechten Fuß, indem die Sohle langsam zur Ferse hin auf dem Boden abgerollt wird. Das Gewicht ruht nun auf der rechten Ferse. Gleichzeitig hat sich das linke Bein entlastet, die linke Ferse vom Boden abgehoben. Die Brust zieht nun den Körper diagonal nach links und belastet den linken Fußballen, während damit das rechte Bein entlastet wird. Nun wird der linke Fußballen bewußt gegen den Boden gedrückt, das Gewicht des Körpers auf ihn verlagert, während die linke Sohle langsam abrollt bis zur Ferse. Gleichzeitig hat sich die rechte Ferse gehoben. Nun schiebt die Brust den Körper wieder nach rechts und die Übung läuft weiter wie oben beschrieben.

Der Rumpf bleibt während dieser Gewichtsverlagerungen senkrecht und versucht keineswegs zu pendeln. Könnte man den Mimen während dieser Vorübung von oben beobachten, so würde sein Kopf und Rumpf eine liegende 8 beschreiben.

Auch hierbei sollte man sich sehr viel Zeit lassen, um den Rhythmus des Gehens ganz in sich aufnehmen zu können. Selbstverständlich bleibt der Mime während der gesamten Übung auf der Stelle!

Das pantomimische Gehen

Von der vorigen Übung ausgehend, ist nun das sogenannte dynamische pantomimische Gehen leicht zu erfahren.

Das linke Bein ist entlastet. Die rechte Fußspitze wird vom Körper durch eine Translation der Brust nach schräg rechts nach vorn gebracht und beschreibt einen imaginären Schritt. Sie wird aber auf gleicher Höhe mit der linken Fußspitze auf den Boden aufgesetzt. Während nun die belastete rechte Sohle zur Ferse hin abrollt, drückt der entlastete linke Fuß — die Sohle einige Zentimeter parallel zum Boden gehoben — den imaginären Boden zurück. Der linke Fuß kommt wieder nach vorne — unterstützt durch eine Brusttranslation nach schräg links —, wird eingesetzt und die Aktion wird wie oben beschrieben weitergeführt.

Dieses dynamische Gehen, bei dem sich die Aktion hauptsächlich im Körper abspielt, erlaubt alle denkbaren Variationen des Gehens: Das leichte Spazieren, das Gehen eines müden Menschen, das Schreiten eines Eingebildeten und das mühsame Vorwärtskommen eines alten Menschen.

Marcel Marceau hat in seiner Pantomime »Gehen gegen den Wind« den Druck gegen die Luft, den Kampf des Menschen gegen das Element in unnachahmlicher Weise dargestellt.

Vielen wird aus dem Film »Die Kinder des Olymp« das pantomimische Gehen von *Jean-Louis Barrault* in der Rolle des Pierrot bekannt sein. Dies ist das Gehen im absoluten Sinne. Es ist die Analyse des menschlichen Gehens, aber auch seine formellste Form der Darstellung, da das Gehen hier nur von den Armen und Beinen aus dargestellt wird. Diese Art der »unnatürlichen« Bewegung zur glaubhaften Darstellung einer »natürlichen« Bewegung verlangt das Können eines Meisters, besonders dann, wenn zur Darstellung des Gehens auch noch eine Gemütsbewegung zu verdeutlichen ist.

Darstellung einer imaginären Wand

Die direkte Darstellung des Raumes beziehungsweise der Begrenzung eines Raumes bedarf als Vorübung vor allem der Zurückerinnerung an »Tasterlebnisse« des Mimen.

Als elementare Vorübung tastet der Mime verschiedene Wände ab. Er legt bewußt die Hände auf eine Wand auf und läßt sie darauf ruhen. Er nimmt die Oberfläche der Wand in sich auf. Er nimmt Kontakt zur Wand auf und löst seine Hand bewußt von der Wand in verschiedenen Geschwindigkeiten.

In der nächsten Stufe der Vorübungen steht der Mime frei im Raum, die Augen sind geschlossen, und legt nun seine Hände auf eine gedachte Wand auf und versucht sich dabei an die eben real berührte Oberfläche, Temperatur und Struktur der Wand zu erinnern.

Die eben beschriebene Übung kann dadurch variiert werden, daß der Mime nicht nur die Hand auf eine Wand auflegt, sondern auch dabei noch einen Teil des Körpergewichts an die Wand abgibt und sich so in verschiedener Entfernung von der Wand abstützt. Auch dies wird im freien Raum als imaginäre Wand geübt.

Als wesentlichstes Element der Darstellung einer imaginären Wand muß nun der toc ausgeführt werden:

Meine Hand ist locker — sie »gehört mir«. Sie wird nun an die vorgestellte Wand herangeführt. Im Moment der Kontaktaufnahme mit der Wand spannt sich die Hand mit einem toc. Meine Hand ist nun Teil der Wand und somit unveränderlich, bis ich sie wieder mit einem toc — hier nun ein blitzartiges Entspannen der Hand — von der imaginären Wand zurücknehme.

Dies wird nun einhändig und beidhändig im freien Raum geübt. Beim Zurücknahme-toc ist zu berücksichtigen, daß die Hand sichtbar entspannt, aber auch wiederum nicht zur »Pfote« oder gar Faust geschlossen wird. Sie wird lediglich etwa 15 cm von der Wand zurückgenommen. Zur Übung soll nun eine »Wand-Etüde« vorgeschlagen werden:

Der Mime steht vor der gedachten Wand und erschafft sie mit seinem Blick. Nun hebt er die rechte Hand — sie gehört noch ihm — und nimmt mit einem toc (blitzartiges Spannen der Hand, jedoch kein Verkrampfen) Kontakt zur Wand auf. Die rechte Hand ist nun Wand. Nun nimmt die linke Hand Kontakt zur Wand. Der Mime kann nun zwei bis drei kleine Schritte von der Wand weggehen, die Hände bleiben aber unbeweglich im Raum stehen, dort wo sie Wand sind. Nun löst sich mit einem toc die rechte Hand, entfernt sich ungefähr 10 cm von der Wand, überkreuzt die linke Hand (die noch starr mit der Wand in Kontakt ist) und nimmt mit einem toc wieder Kontakt mit der Wand auf und kommt so nun links von der linken Hand zum Stillstand. Nun löst sich die linke Hand von der Wand, wird unter dem rechten Handgelenk zum Körper gezogen und links von der rechten Hand wieder auf die Mauer aufgesetzt. Während der ganzen Etüde muß darauf geachtet werden, daß die Hände eine gemeinsame Fläche bilden, d. h., daß die Handflächen nicht in irgendeinem Winkel zueinander stehen, denn sie liegen ja beide auf der gleichen ebenen Wand auf.

Will man nun darstellen, daß man sich an einer imaginären Wand entlangtastet, so nimmt der Mime mit einer Hand oder mit beiden Händen Kontakt zur Wand auf. Während nun die Hände unverrückbar im Raum stehen, schiebt der Mime seinen Körper mit einer Translation und einem kleinen Schritt an der Wand vorbei, löst dann die Hände und beginnt das Spiel von vorne.

Die perfekte Darstellung einer imaginären Wand bedarf sehr viel Übung und Training und meist auch der Korrektur durch einen Pantomimenlehrer. Trotzdem soll nochmals darauf hingewiesen werden, daß der Mime sich nicht damit begnügen sollte, »die« Wand darzustellen. Sobald es die Technik erlaubt, sollte immer eine bestimmte Wand in einem ganz bestimmten Raum — die glatte Oberfläche eines Schaufensters, die Ziegelwand in einer Gefängniszelle usw. — dargestellt und vor allem vom Mimen »erfahren« werden.

Heitere
Situation

Traurige
Situation

Darstellung einer Leiter

Der Mime steht vor einer Leiter, erschafft sie mit Blicken und schaut hinauf zu seinem Ziel, dem Ende der Leiter. Nun nimmt die rechte Hand Kontakt mit einer Leitersprosse auf, die knapp über dem Kopf des Mimen liegt. Die linke Hand faßt nun mit einem toc die darunterliegende Sprosse in Gesichtshöhe. Der rechte Fuß hebt sich und steigt auf eine Sprosse. In Wirklichkeit würde nun durch den Druck des Fußes der Körper gehoben werden, der Mime stünde nun eine Sprosse höher. Seine Hände würden sich nun — ohne daß er sie bewegen würde — auf der Höhe des Gesichtes und der Brust befinden. Diese Bewegung wird in der Pantomime so dargestellt, daß der rechte Fuß wieder auf den Boden gesetzt wird. Gleichzeitig aber wird das Becken nach oben geschoben, der Körper streckt sich und die beiden Fäuste, die sich an die imaginären Sprossen klammern, werden gleichzeitig abwärts auf Gesichts- und Brusthöhe geführt. Der Abstand der beiden Fäuste bleibt dabei vollkommen gleich, da sich bei einer Leiterbesteigung ja auch der Sprossenabstand nicht ändert! Die rechte Hand hält nun die Sprosse in Gesichtshöhe unverändert fest, die linke Hand löst sich von der Sprosse in Brusthöhe und ergreift mit einem toc die nächste Sprosse, die sich knapp über dem Kopf befindet. Nach einem kurzen Ruhemoment steigt nun der linke Fuß auf die nächsthöhere Sprosse, wird abwärts zum Boden geführt. Dabei streckt sich das Becken nach oben und gleichzeitig wird die Aufwärtsbewegung des Körpers durch das ruckartige Abwärtsführen der Fäuste wieder in Gesichts- und Brusthöhe dargestellt . . .

Darstellung einer Treppe

Der Mime steht im freien Raum und nimmt mit der rechten Hand Kontakt zu einem imaginären Treppengeländer auf. Würde nun der Mime eine reale Treppe steigen, würde er den Fuß auf die nächste Treppe setzen und auf dieser Treppe den Körper hochdrücken. Die Hand, die sich am Geländer festhält, hätte sich auf dem Geländer nicht verändert, würde aber durch die Vorwärts-Aufwärts-Bewegung des Körpers nun neben dem Körper sein, wobei sich der vorher ausgestreckte Arm nun abwinkeln würde.

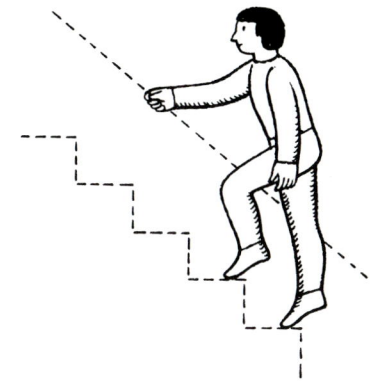

In einer Vorübung wird diese Streckung des Körpers und das Abwinkeln des Armes erarbeitet: Der Mime nimmt mit ausgestrecktem Arm Kontakt zum Geländer auf. Nun ein kurzer Ruhemoment. Dann streckt sich der Oberkörper nach schräg oben (in der Art des Skispringers beim Absprung). Gleichzeitig wird der ausgestreckte Arm zum Körper hin angewinkelt und die Hand in gerader Linie dem Geländer folgend nach schräg unten zum Körper geführt. Der Mime zieht sich am imaginären Treppengeländer hoch.

Um die Darstellung des Treppensteigens zu vervollkommnen, wird nun die eben beschriebene Etüde mit dem pantomimischen Laufen kombiniert. Dabei ist zu beachten, daß immer ein Vorwärts-Aufwärts-Schritt mit einem Armzug am Geländer verbunden wird.

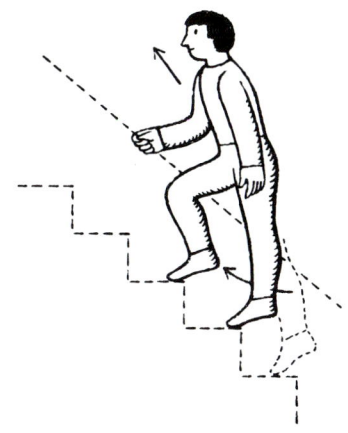

Der Fuß des Mimen wird auf die Stufe aufgesetzt. Durch eine Translation der Brust nach schräg vorne wird auch das Becken in diese Richtung verlagert und das Körpergewicht auf das vordere Bein übertragen. Nun erfolgt ein gleichzeitiger Druck des vorderen Beines und die Streckung des hinteren Beines, somit Druck des Körpers nach oben. Gleichzeitig wird mit der Streckung des Körpers der Arm, der sich am Geländer festhält, nach schräg unten zum Körper gezogen. Der Mime hat sich in der Illusion des Zuschauers nach schräg oben bewegt, da sich sein Körper an der festhaltenden Hand »vorbeibewegt« hat.

Übungen und Etüden zum imaginären Raum

Wie schon mehrmals angeführt, sollte ein Mime — sobald es die Technik erlaubt — niemals Treppe, Wand usw. sinnentleert als reine Stilübung demonstrieren. Dies sollte man den großen Meistern überlassen, die durch die Kraft ihrer Darstellung auch einer Stilübung noch einen Inhalt zu geben vermögen.

Verschiedene Typen gehen auf der Straße oder im Park

Der Phantasie sind hier keine Grenzen gesetzt: Ein dicker gemütlicher Mann, eine gehetzte Hausfrau und ein verspieltes Kind, ein eitler Direktor und ein müder Pennbruder... Sie alle gehen eine Straße entlang oder gehen im Park spazieren. Der Mime möge sich nur auf der Straße umsehen und er erhält Unmengen von Spielvorlagen! Allerdings sollte sich der Mime immer die Bewegungsschwerpunkte und Handlungsziele der dargestellten Personen vergegenwärtigen, bevor er sie darstellt: Wie läuft einer, dem die Füße weh tun? Wie geht ein junger Mann zum Rendezvous? Wo kommt die Person her? Was hat sie eben erlebt? Was ist ihr Ziel? Was wird sie dort erleben?

Diese Darstellung von verschiedenen Personen kann natürlich mit dem Treppensteigen kombiniert werden, wobei zu berücksichtigen ist, welche Treppe die Person steigt: eine weitgeschwungene Steintreppe im Park, eine enge Wendeltreppe in einem Turm. Bereits bei der eben genannten Etüde kann wieder variiert werden: Ein Tourist besteigt einen Turm und bewundert die Aussicht. Der Glöckner besteigt wie jeden Tag den Turm, um die Glocken zu läuten. Ein Kind besteigt verbotenerweise den Turm.

Ein seltsames Haus

Der Mime erkundet ein altes verfallenes Haus. Es liegt wie verwunschen hinter einer hohen Mauer. Er muß zuerst die eiserne Gartentür, die in den Angeln eingerostet ist, öffnen. Er durchquert den verwilderten Garten und öffnet nun die knarrende Haustür. Im Hausflur ist es düster, er tastet sich an der Wand entlang. Spinnweben hängen von der Decke. Er tritt in ein Zimmer und sucht eine Kerze, um Licht zu haben. Er steigt die Treppe zum Boden hoch und findet auf dem Dachboden uraltes seltsames Gerümpel...

Im Labyrinth

Der Mime betritt ein Labyrinth, in dessen innerstem Raum ein Untier haust, das er bekämpfen will. Er tastet sich an den Wänden entlang, öffnet Türen und steigt Treppen...

In einer Variation kann ein junger Mann dargestellt werden, der in einem sonnendurchfluteten Gartenlabyrinth seine Liebste sucht, die sich versteckt hat. Er kann aber auch das Verstecken und Suchen nur spielen, da er schon längst weiß, wo sich das Mädchen versteckt hat.

Diese Etüde ist auch als Gruppenübung sehr gut geeignet. Der erste von drei oder vier Spielern betritt das Labyrinth und gibt somit seinen Mitspielern den Weg und die Hindernisse vor. Die folgenden Spieler haben also nicht nur auf ihre imaginäre Umgebung zu achten, sondern auch auf ihren führenden Kollegen. Der vorgebende Spieler sollte aber das Labyrinth so gestalten, daß es für seine Mitspieler möglich ist, zu folgen!

Der Seiltänzer

Ein Artist betritt die Manege. Er bereitet sich auf seinen Auftritt vor und beginnt die Leiter zum Hochseil zu besteigen. Dort oben führt er nun hoch über den Köpfen der Zuschauer seine Kunststücke vor. Hierbei kann man den Typ des Artisten variieren: Der Seiltänzer ist sich seiner Ausstrahlung sicher ...

Ein ängstlicher und nicht schwindelfreier Clown muß für einen Kollegen einspringen ...

Da die Darstellung »Herabsteigen von einer Leiter« fast unmöglich ist, kann sich der Artist am Schluß der Vorstellung mit einem Seil wieder auf den Boden der Manege herablassen.

Der Einbrecher

Ein Dieb steigt über die Gartenmauer und durchquert den Garten. Er öffnet die Haustür mit einem Dietrich oder schlägt ein Fenster ein und steigt ein. Er tastet sich an den Wänden entlang, bis er endlich in ein Zimmer kommt, wo es etwas zu stehlen gibt ...

In der Wüste

Ein Mann schleppt sich durch den glühenden Wüstensand. Er hat Durst. Er besteigt einen Felsen und hält Ausschau. Eine Fata Morgana täuscht ihn. Er kommt immer langsamer voran, seine Füße sinken im Sand ein ...

Schatzsuche

Ein Mann hat einen alten Plan gefunden. Er geht zu dem Ort — im Wald, in einem alten Haus oder auf einer Insel — und sucht. Er mißt die Schritte ab, klettert auf einen Ausblick. Man kann ihn den Schatz finden lassen, er kann aber auch eine riesige Enttäuschung erleben ...

Bergbesteigung

Ein oder mehrere Spieler besteigen einen Berg. Sie müssen Spalten überwinden, an senkrechten Wänden hochklettern, sich an schmalen Stegen entlanghanteln, bis sie endlich auf dem Gipfel stehen.

Verschiedene Tempi bei Bewegungsabläufen

Man kann fast sämtliche Etüden, die den imaginären Raum als Inhalt haben, in verschiedenen Geschwindigkeiten spielen:

In Zeitlupe . . .

Schwerelosigkeit auf dem Mond (eine Variation der Zeitlupe) . . .

In der Art der Slapsticks . . .

In der Art eines Films, der zuerst vorwärts, dann rückwärts läuft . . .

Nach verschiedenen Rhythmen, die eine Begleitmusik vorgibt, wie Walzer, Rock, elektronische Musik usw.

In einer Variation können alle möglichen Betätigungen vom Spazierengehen bis zum Aufräumen eines Zimmers in verschiedenen Geschwindigkeiten gespielt werden. Die Geschwindigkeit wird hierbei von der Motivation der Betätigung abhängen. Dies soll am Beispiel des Aufräumens verdeutlicht werden:

Ich mache sauber, weil in 10 Minuten überraschender Besuch kommt und es furchtbar in meinem Zimmer ausschaut . . .

Ich mache sauber, weil ich endlich Zeit dazu habe . . .

Ich mache sauber, mehr aus Trotz, um meinem Zimmergenossen zu zeigen, was Ordnung heißt . . .

Ich räume ein Zimmer auf, um die Spuren meines Einbruchs zu verwischen . . .

Ich muß mein Zimmer aufräumen, weil es meine Mutter befohlen hat . . .

Der Angler

Der Angler sieht einen Fisch

Der Kunstkritiker

Die Balletteuse

II. Teil

Pantomimen und nonverbale Spiele in Gruppen

Die bisher aufgeführten Übungen und Etüden eignen sich hauptsächlich zur Einzelarbeit. Trotzdem sollte man auch diese pantomimischen Szenen, wenn möglich, nicht »im stillen Kämmerlein«, sondern mit anderen Spielern — sei es in der Jugendgruppe, in der Schulklasse oder im Amateurtheaterensemble — erarbeiten. Theater ist eben auf den Zuschauer ausgerichtet! Auch der Spieler, der sich die Solopantomime als Ziel gesetzt hat, sollte von Anfang an die Wirkung und die Verständlichkeit seiner Szenen vor Zuschauern — und hier eignen sich am besten die Mitspieler seiner Gruppe — erproben.

Pantomime ist zwar durch die großen Solopantomimen bekannt geworden, sie eignet sich aber noch besser für das Spiel einer Gruppe oder eines Ensembles. Hierbei sind folgende Stilmöglichkeiten zu unterscheiden:

Gruppenpantomime

In der Gruppenpantomime übernimmt jeder Mitspieler eine eigene Rolle. Die Gruppe erzählt dem Zuschauer eine Geschichte: Ein Maler arbeitet an einem Bild auf einer Waldwiese. Er versucht die Landschaft auf die Leinwand zu malen. Da stellt sich zuerst ein Spaziergänger ein, der den Maler durch seine Begeisterung stört. Dann kommt ein mißmutiger Mensch hinzu, dem diese Kritzelei des Malers überhaupt nicht gefällt . . .

Die Spieler dürfen hierbei nicht nur ihre Rolle sehen und spielen, sondern ständig aufeinander achten und miteinander die Geschichte erzählen. Auch die wortlose Sprache wird unverständlich, wenn drei Personen gleichzeitig reden! Am deutlichsten wird Stil und Aufgabe der Gruppenpantomime, wenn die Gruppe »Zuschauer in einem Kino« spielt. Jeder einzelne übernimmt eine Rolle, z. B. den Gelangweilten, den Verliebten, den Schläfrigen, den Aufgeregten . . ., alle aber sehen den gleichen Film und reagieren stets gemeinsam auf das Ereignis auf der Leinwand, jeder aber so, wie es seine Rolle oder sein Typ verlangt.

Chorpantomime

In der Chorpantomime ist jeder Spieler ein Teil eines Ganzen: Die Gruppe bildet z. B. eine Maschine, Fließbandarbeit wird dargestellt oder alle bilden eine Spieluhr, die sich nach Klängen von Musik dreht.

Nonverbale Spielübungen in der Gruppe

Selbstverständlich sollte man Gruppenpantomime nicht als gemeinsames Spiel einiger Solopantomimen verstehen, die sich herablassen, mit anderen zu mimen. Das gegenseitige Verstehen und partnerschaftliche Einvernehmen entsteht nicht allein durch den Vorsatz, miteinander zu spielen. Sie müssen geübt und eingeübt werden. Von reinen Partnerübungen und gruppendynamischen Spielen wird in einem späteren Kapitel die Rede sein. Hier sollen nun nonverbale Übungen vorgeschlagen werden, die ein Feedback, ein Echo der zuschauenden Spieler auf das Spiel der jeweilig Agierenden, erfordern. Der Spieler versucht etwas auszudrücken und erfährt dann von den Zuschauern nicht nur Beifall oder eine lobende Bemerkung, sondern eine genaue Beschreibung seines Spieles.

Von *Charly Chaplin* wird berichtet, daß er sich Passanten von der Straße holte und ihnen ohne Kommentar Szenen des Filmes vorführte, an dem er gerade arbeitete. Er ließ sich dann erzählen, was sie eben gesehen hätten. Erst wenn die Erzählungen der Zuschauer mit seiner Absicht übereinstimmten, war *Chaplin* mit den Szenen zufrieden. Bei den nun folgenden Übungen versucht der oder die Spieler im Rahmen einer Spielaufgabe, eine Stimmung oder einen Gemütszustand zu verdeutlichen. Er sollte dann sehr genau zuhören, wenn seine Mitspieler ihm schildern, was sie gesehen haben. Die Zuschauer lernen dabei nicht nur, eine Szene zu beschreiben, sondern auch, daß ein und dieselbe Spielaufgabe von verschiedenen Akteuren ganz verschieden gelöst werden kann. Es gibt in diesen Szenen kein »richtig« und kein »falsch«, da jeder seine eigene Person in das Spiel miteinbringt.

Diese Übungen sind nicht nur für Amateurtheatergruppen geeignet, sondern sollten auch in das Spielprogramm von Jugendgruppen aufgenommen werden, da sie wesentliche Elemente der Kommunikation zwischen Menschen beinhalten, nämlich den klaren, durch keinerlei »Masken« verstellten Ausdruck und das genaue Hinsehen auf die »Äußerungen« eines Partners.

Briefe

Ein Spieler nimmt auf einem Stuhl Platz und erhält nun vom Spielleiter einen »Brief«. In diesem Brief ist in knappen Sätzen der Inhalt oder die Art des Briefes angegeben. Der Spieler soll nun ohne Text auf diesen Brief reagieren, so als ob er diesen Brief in voller Länge lesen würde. Die Zuschauer berichten dann dem Spieler den Inhalt des Briefes. Hierbei handelt es sich keineswegs um ein Ratespiel!

Der Inhalt soll nicht erraten, sondern der Eindruck, den der Leser hinterlassen hat, beschrieben werden. Hier nun einige »Briefe«. Es dürfte einer Gruppe nicht schwerfallen, aus eigener Erfahrung andere Briefinhalte zu erfinden:

Dies ist ein Liebesbrief von einem sehr lieben Menschen. Er ist im Moment weit weg, er schreibt eigentlich nur Alltägliches. Trotzdem kannst du aus jedem Wort lesen, daß dich der Schreiber bzw. die Schreiberin sehr lieb hat.

Dein Freund (bzw. Freundin) schreibt dir, daß es zwischen euch aus sei. Außerdem habe er (sie) sowieso noch nie richtig geliebt und dir nur schöngetan, weil gerade nichts Besseres da war.

Dies ist ein »heißer« Liebesbrief an deine Schwester. Ohne dein Zutun ist der Brief in deine Hände geraten.

Eine Schulkameradin, die du noch nie richtig leiden konntest, weil sie immer so angeberisch war, bekommt ein Kind. Der Vater soll unbekannt sein.

Dies ist ein Brief von deiner italienischen Urlaubseroberung. Er ist voll von Liebesbeteuerungen, aber auch voll von Fehlern und kaum lesbaren Formulierungen. Du hast diese Ferienbekanntschaft schon längst vergessen.

Du hast 10 000 DM im Lotto gewonnen und kannst dir endlich eine Reise leisten, von der du schon lange träumst.

Dies ist eine Vorladung auf die Polizeiwache. Du kannst dir nicht denken, warum.

Dir wird aus einem fadenscheinigen Grund — Umstrukturierung der Firma — gekündigt. Du weißt genau, daß der eigentliche Grund der Streit mit dem Abteilungsleiter war.

Ein Freund schreibt dir, daß er durch dein Verhalten sehr enttäuscht ist. Eigentlich findest du das, was du getan hast, auch nicht gut, willst es aber vor dir selbst nicht zugeben.

Dies ist ein Verweis aus deiner Schule. Eigentlich hast du nicht mehr mit ihm gerechnet, nun ist er zufällig in deine Hände geraten.

Dies ist ein »saumäßig« grober Brief. Du merkst, daß kein Absender angegeben ist. Der Brief ist so beleidigend, daß er schon fast wieder lustig ist.

Ein Freund, mit dem du gestern abend noch gebechert hast, ist auf dem Heimweg tödlich verunglückt. Ursprünglich wolltest du mit ihm fahren.

Es ist sicherlich jedem klar, daß es in diesem Spiel kein »richtig« und kein »falsch« geben kann. Denn dies sind Situationen aus dem Alltag, und jeder reagiert auf einen Liebesbrief oder auf eine Todesnachricht anders. Wichtig aber ist, daß sich der Spieler des Briefes jeglicher übertriebener (= theatermäßiger) Reaktion enthält. Diese und die folgenden Übungen könnten auch in der Fachsprache der Pantomime Übungen zur Geschmeidigkeit des Solar plexus genannt werden. Unser gesamter »Gemütszustand« wird klein und zieht sich bei einer traurigen Nachricht zusammen, und er wird groß und beginnt zu schweben bei einer Freudenbotschaft. Zum besseren Verständnis sei vielleicht nochmals die Lektüre des Abschnittes über den Solar plexus in diesem Buch empfohlen.

Ziehe deine Schuhe an ...

... deine Mutter hat es verboten. Du hast die neuen Schuhe erst zu deinem 13. Geburtstag bekommen.

... du hast Krach mit deiner Freundin und gehst nun an die frische Luft »zum Abkühlen«.

... du bist Feuerwehrmann und mußt zum Einsatz.

... du bist Handballspieler und ziehst die Schuhe zum Training an.

... du bist Handballspieler und ziehst die Schuhe zum Endspiel des Turniers an.

Susanna im Bade

Die Geschichte von der biblischen Susanna ist sicherlich bekannt. Hier eine moderne Version:

... du bist Untermieterin und willst im Badezimmer gemütlich duschen. Da hörst du Schritte vor der Tür und ziehst dich ganz irritiert aus (natürlich nur pantomimisch!)

... du willst in derselben Situation dem Lauscher an der Tür gehörig »einheizen«, nachdem du dich vergewissert hast, daß die Tür versperrt ist.

Kleider und Leute

... du bist bei der Bundeswehr und zur Zeit auf Heimaturlaub. Du ziehst deine Uniformjacke an, um wegzugehen. Dabei beobachtet dich dein Vater, der stolz ist auf deine soldatische Laufbahn.

... du ziehst deine Uniformjacke an. Dabei beobachten dich die Freunde deiner Wohngemeinschaft, die alle den Wehrdienst verweigert haben.

... du gehst zum Familientreffen und bindest dir die ungewohnte Krawatte um. Es ist die einzige, die du besitzt.

... du bist Geschäftsmann und »krawattengewohnt«. Du ziehst dich für den Besuch bei einem wichtigen Kunden an.

Es dürfte sicherlich nicht schwerfallen, noch viele andere Situationen zu erfinden!

Türöffnen

... du öffnest die Tür, weil der Postbote geläutet hat:

Du erwartest einen Liebesbrief — du erwartest einen wichtigen Geschäftsbrief — du erwartest eine Geschenksendung.

... du öffnest die Tür und ärgerst dich, weil du in einer angenehmen Betätigung gestört wurdest.

... du öffnest nachts die Tür, obwohl du dir nicht denken kannst, wer dich jetzt noch besuchen sollte.

Leiche im Schrank

Diese uralte Schauspielübung kann auch in unserem Sinne genutzt werden. Du kommst von einer fröhlichen Party (von der Arbeit, von einem Begräbnis usw.) nach Hause. Nach dem Ablegen des Mantels öffnest du den Schrank, da liegt eine Leiche im Schrank.

... du bist ein phlegmatischer Mensch.

... du bist ein hysterischer Mensch.

... du bist ein ängstlicher Mensch usw.

Katze und Jüngling

Diese Geschichte geht auf *Anouilh* zurück. Eine Katze verliebte sich in einen jungen Mann und bekam die Erlaubnis, sich in ein Mädchen zu verwandeln. Sie darf Mensch bleiben, solange sie nicht wie eine Katze reagiert. Nun liegt das Mädchen mit dem jungen Mann im Bett. Der Mann schläft bereits (er kann in dieser Übung durch ein Kleidungsstück markiert werden). Das Mädchen wacht auf vom

Geräusch einer Maus im Zimmer. Sie ist nun hin und hergerissen. Den Ausgang der Geschichte sollte man der Spielerin überlassen.

Situation und Vorgang

Die zuschauenden Gruppenmitglieder bekommen nun eine Rolle und spielen eine Situation. Der Spieler geht auf die Gruppe zu und wird nun im doppelten Sinn beobachtet:

Die Gruppenmitglieder sind Rocker, die an einer Straßenecke herumlungern. Der Spieler bekommt die Rolle eines alten Mannes, der nun an dieser Gruppe vorbeigehen muß. Die Gruppe berichtet anschließend, ob sie eine Irritation oder eine Wirkung ihres Spieles auf den Akteur bemerkt hat.

... ein Touristenehepaar geht mit Fotoapparat bewaffnet auf eine Gruppe von hungernden Bewohnern eines Slums zu.

... ein junger Mann geht an einer Gruppe von Prostituierten vorbei.

... vor einer Fabrik stehen Streikposten: Es läuft ein Kamerad auf sie zu ... es kommt der Betriebsleiter, um zu verhandeln ... ein Polizist, um den Rädelsführer zu verhaften.

... in eine Dorfkneipe kommt ein Ortsfremder ...

... in diese Kneipe kommt die Ehefrau eines Trinkers, um ihren Mann heimzuholen.

Im Bahnabteil

In dieser Übung sitzen sich jeweils zwei Spieler in einem Bahnabteil gegenüber und packen ihre Zeitschrift aus. Je nach Zeitschrift sollen nun die beiden Spieler sich beobachten und in nonverbalen Kontakt treten:

... eine »Emma«-Leserin und ein »Playboy«-Leser.

... ein »Bild«-Leser und ein »Spiegel«-Leser.

Diese Anregungen genügen sicherlich, um einer Spielgruppe genügend Stoff für eine Übung zu geben.

Unerwartetes Ereignis

Der Spieler erhält vom Spielleiter einen Zettel, auf dem eine Situation und ein unerwartetes Ereignis beschrieben ist. Die zuschauenden Gruppenmitglieder erzählen dann dem Spieler, was sie gesehen haben. Diese Übung ist auch als Training der pantomimischen Techniken geeignet, wobei allerdings die Technik nicht im Vordergrund stehen sollte:

Du bist beim Mittagessen und ißt Huhn. Da wird das Huhn plötzlich lebendig.

Du kommst in deine Wohnung — es ist ganz bestimmt deine Wohnung — und sie hat sich total verändert.

Du kommst in den Umkleide- und Schminkraum eines Theaters und willst dich für die Vorstellung schminken, da sitzt plötzlich ein Löwe vor dem Schminkspiegel.

Du erwachst am Morgen und gehst vor deine Haustür, da befindet sich ein See vor deiner Tür.

Du gehst auf eine Party, auf die du eingeladen bist. Keiner kennt dich, aber du kennst alle.

Du bist auf der Straße, da merkst du, daß dich keiner sieht. Du mußt plötzlich unsichtbar geworden sein.

Du gehst in dein Zimmer, da steht plötzlich mittendrin ein Baum.

Du bist im Tierpark und besiehst dir die verschiedenen Tiere. Plötzlich befindest du dich selbst hinter Gittern. Alle Leute betrachten dich.

Du steigst ganz normal auf einen Dachboden und willst etwas holen. Als du wieder runter willst, ist die Leiter weg.

Du gehst in dein Badezimmer. Da sitzt ein fremder Mann im Anzug und mit Hut in deiner Wanne und duscht sich.

Nun noch drei von der Darstellung her recht schwierige Aufgaben:

Du kommst in deine Wohnung zurück. Ab dem Moment, in dem du die Tür aufsperrst, beginnt alles zu Gummi zu werden. Du selbst wirst noch zu Gummi.

Du gehst in dein Zimmer, da sind alle Möbel plötzlich so groß, als wenn du ein kleines Kind wärst.

Du gehst in dein Zimmer und setzt dich auf einen Stuhl. Plötzlich wird das Zimmer immer kleiner und die Wände kommen auf dich zu.

In verschiedener Gesellschaft

Eine kleine Gruppe von Spielern spricht kurz miteinander ab, in welcher Gesellschaft und in welcher Umgebung sie nun speisen werden.

Sehr vornehme Leute dinieren (Geschäftsbesprechung — politisches Arbeitsfrühstück — Wohltätigkeitsessen — Trauerfeier usw.).

Ein Ausflugslokal (riesiger Andrang — bei Regenwetter).

In einer Bauernkneipe (Begräbnisumtrunk — Stammtisch — Hochzeitsfeier).

Fabrikkantine (in der Mittagspause — nach Feierabend).

Gartenlokal (ein vornehmes Lokal — in einem Dorf — in einer Gartenkolonie).

In diese Übung kann sehr viel Sozialkritik, Beobachtungsgabe, aber auch viel Klischeedenken eingebracht werden. Die Zuschauer sollten hierbei sehr genau zusehen und berichten.

Fotogeschichten

Eine kleine Gruppe von Spielern betrachtet gemeinsam ein Foto, auf dem mehrere Menschen dargestellt sind. (Auf diesen Fotos sollten weder Bekannte noch Prominente sein, da die Szene sonst zur Parodie gerät. Am besten eignen sich zu dieser Übung Szenenfotos aus Programmheften von Theatern und Fotos aus Illustrierten.) Die Spieler versuchen sich die Situation, in der die abgebildeten Menschen sich befinden, vorzustellen. Dann stellen sich die Spieler in der Haltung der Dargestellten auf und spielen die Szene weiter.

Als Variation kann die Szene der Spieler auch mit der Momentaufnahme enden. Während der Szene haben die Zuschauer auch das Foto zur Verfügung und können so beim Feedback sowohl das Gesehene als auch ihre eigene Auffassung aussprechen. Die Übung schult auf diese Weise nicht nur das Beobachten, Berichten und stumme Spielen, sondern auch das gemeinsame Besprechen von Beobachtungen.

Übungen zum pantomimischen Gruppenspiel

Diese Übungen dienen hauptsächlich dazu, aus einer Gruppe eine spielende Einheit zu formen, ohne die Individualität der einzelnen Mitglieder zu vernachlässigen.

Reihenpantomime

Dieses Spiel wird in vielen Gruppen bekannt sein: Die Spieler B, C und D werden aus dem Zimmer geschickt. Nun spielt einer der Gruppe dem Spieler A eine kurze Pantomime vor. Jetzt wird der Spieler B hereingeholt, und A spielt B die eben gesehene Szene vor. Dieser spielt sie dann dem C vor usw.

Für die Zuschauer dürfte es sicherlich ein riesiges Vergnügen bedeuten, mitanzusehen, wie durch pantomimische Mißverständnisse die Szene verändert und verdreht wird. So kann aus dem Baby, das der erste Spieler noch auf dem Tisch gewickelt hat, ein Kuchen werden, der zuerst geknetet und dann in die Backröhre geschoben wird!

Die Zuschauer sollten aber bei allem Spaß auch darauf achten, durch welche Gesten und Haltungen die Mißverständnisse hervorgerufen wurden.

Als Spielmaterial eignen sich für diese Übung alle Alltagsszenen, wie Fensterputzen, Tapezieren, Babysitten usw., aber auch skurrile Aufgaben, wie »einen Elefanten waschen« und »Besuch auf dem Mars«.

Weiterspiel

Zwei oder drei Spieler denken sich eine Szene aus und spielen sie vor der Gruppe. Vorher wurden aus den Zuschauern ebensoviel Spieler bestimmt, die auf ein Zeichen des Spielleiters oder der Spielenden die begonnene Szene zu Ende spielen.

Danach berichtet die erste Spielgruppe, welchen Schluß sie geplant hat. Besonders für jüngere Spieler ist die Einsicht sehr wichtig, daß die eigene Geschichte von anderen anders zu Ende gedacht werden kann.

Mütterchen, Samurai und Löwe

Dieses alte Gesellschaftsspiel eignet sich auch für eine größere Gruppe. Die Teilnehmer werden in zwei Gruppen aufgeteilt und wählen jeweils einen »Spielführer«. Die beiden Gruppen stehen nun in einigem Abstand und beschließen — im Zweifelsfall entscheidet der Spielführer —, ob sie alle gleichzeitig das Mütterchen, den Samurai (= japanischer Ritter) oder den Löwen darstellen wollen. Auf ein Zeichen des neutralen Spielleiters gehen die beiden Gruppen nun in der jeweiligen Rolle aufeinander zu. Die Spielregel ähnelt hierbei dem bekannten »Knobeln«:

Das Mütterchen besiegt den Samurai — der Samurai besiegt den Löwen — der Löwe besiegt das Mütterchen. Die jeweils unterlegene Partei verliert einen Teilnehmer. Bei der Darstellung der Löwen, Ritter und Omas haben die Spieler freie Hand, jedoch sollte die Darstellung eindeutig sein.

Fabelwesen

Die Spieler bilden Gruppen bis zu 5 Personen. Jede Gruppe »baut« nun ein Fabeltier. Dieses Wesen sollte durch Probieren aller Spieler und nicht auf Anweisung eines einzelnen entstehen. Das Fabelwesen muß sich einige Zeit fortbewegen können, eine mehr oder minder feste Form haben und vielleicht noch einen Ton von sich geben, der zu ihm paßt; sollte dieser Ton aus mehreren klangvollen Silben bestehen, wäre zugleich ein Name für das Tier gefunden.

Die Fabelwesen treffen nun aufeinander, beschnüffeln sich, stellen sich vor und beginnen zu spielen.

Schaufensterpuppen

Die Spieler bilden kleine Gruppen und ernennen jeweils einen Mitspieler zur Schaufensterpuppe. Diese Puppe wird nun verbogen und damit in die »richtige« Pose gebracht. Ist das Kunstwerk vollendet, trägt jede Gruppe ihre Puppe zur Mitte des Raumes und komponiert nun mit den anderen eine Figurengruppe als »Gesamtkunstwerk«.

Eines fehlt

Die Spieler teilen sich in mindestens zwei Gruppen auf, von denen jede nun eine kurze Pantomime vorbereitet, in der »eines« fehlt. Die zuschauende Gruppe muß nun erraten, was fehlt, und es selbst ersetzen. So kann z. B. eine Gruppe eifrig musizierende Orchestermitglieder spielen. Die Szene ist beendet, wenn sich einer der Zuschauer als Dirigent vor das Orchester stellt. In diesem Spiel sind alle Erscheinungsformen der Pantomime und des stummen Spiels erlaubt. So hockten einmal sechs junge Männer weinend um ein liegendes Mädchen. Es sollte keineswegs ein Eifersuchtsdrama dargestellt werden, es fehlt ganz einfach der siebte Zwerg fürs »Schneewittchen«! Eine andere Gruppe legte sich verkrümmt auf den Boden und drehte sich in kurzen Abständen jeweils auf die andere Seite: Hier sollten sich die Zuschauer als Sauerkraut um die am Boden liegenden »Würstchen« winden!

Gemeinsame Erlebnisse

Diese Übung fördert das Zusammenspiel in der Gruppe und das gegenseitige Eingehen auf den Mitspieler:

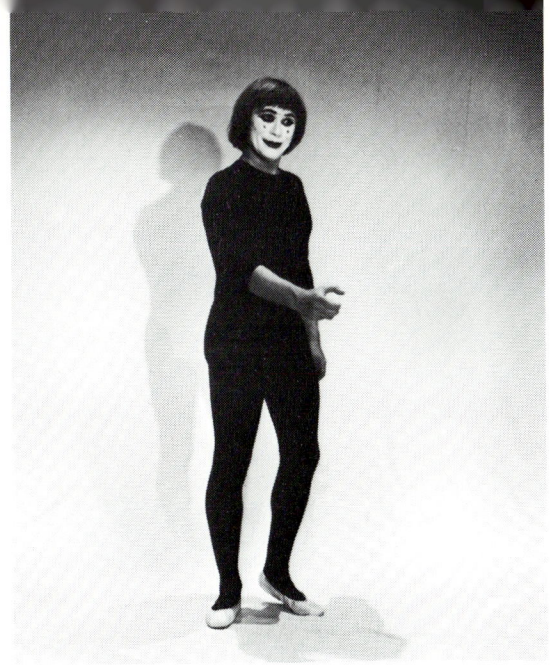

Begrüßen einer geliebten Person

Begrüßen einer ungeliebten Person

Die Gruppe macht einen pantomimischen Spaziergang: Man klettert gemeinsam auf einen Felsen, einer pflückt eine Blume und läßt die anderen daran riechen, ein anderer scheucht einen Schmetterling auf usw.

Die Gruppe sieht einen Film: Hierbei wird nur die Art des Filmes vorher bestimmt (Liebesfilm, Krimi, Horrorfilm usw.). Der Ablauf der »Handlung« entsteht durch das Spiel der Teilnehmer.

Die Gruppe sieht einem Boxkampf zu: Hierzu könnte eine Tonbandreportage eines Boxkampfes abgespielt werden.

Sicherlich werden einer Spielgruppe in der Improvisation noch andere Themen einfallen. Man kann gemeinsam Lasten tragen, einen Berg besteigen und auf einem Floß den Fluß hinunterfahren. Wichtig ist dabei nur, daß nicht jeder versucht, seinen Spielvorschlag durchzusetzen, sondern daß ein gemeinsames Spiel entsteht.

Begrüßungen

Die Spieler begrüßen sich auf alle mögliche Art und Weise, indem man immer wieder den Partner wechselt. Man umarmt sich, begrüßt sich mit Verbeugung und Handschlag, winkt einander zu usw.

In einer Variation dieser Übung kann man die Begrüßungen mit verschiedener Musik unterlegen und damit den Spielern einen Rhythmus vorgeben. Hierzu eignet sich jede Musikart, von Walzer bis Beat, von Mozarts Menuett bis Chopins Trauermarsch.

Übungen und Etüden zur Gruppenpantomime

Man sollte diese Übungen nicht nur in der Gruppe erarbeiten, wenn eine Aufführung vor der Tür steht. Diese Etüden schulen die Gruppe im Zusammenspiel und jeden einzelnen Spieler in seiner Fähigkeit, Partner zu sein. Es ist bedeutend leichter, einen Partner »an die Wand« zu spielen und Mittelpunkt zu sein, als auf seine Mitspieler einzugehen und so zum gemeinsamen Erfolg beizutragen. Diese Erfahrung ist sicherlich nicht nur auf die Bühne zu beschränken! Deshalb eignen sich die folgenden Übungen auch für eine Gruppe oder Schulklasse, um das »Miteinander« zu üben und zu festigen — auch wenn man keine Aufführung plant.

Party

Die Gastgeber legen noch die »letzte Hand« ans kalte Büfett. Dann kommen die ersten Gäste und es beginnt die übliche Party . . .

In dieser Gruppenetüde können die Typen, die die einzelnen Spieler darstellen, zunächst überzeichnet und karikiert sein; die Szene bekommt dadurch eine groteske Note. Andererseits könnten in dieser Übung die Maskenhaftigkeit und Kommunikationslosigkeit der Partyteilnehmer herausgearbeitet werden. So können durch die Pantomime auch Inhalte transportiert werden, über die vor und nach der Etüde im Teilnehmerkreis diskutiert und deren Wahrheitsgehalt hinterfragt werden muß.

Beim Sport

In ähnlicher Weise wie bei der »Party« kann auch die sportliche Betätigung von einer Gruppe auf verschiedene Weise — ernst, heiter oder grotesk — bearbeitet werden. Es können zunächst die Sportarten wie Laufen, Kugelstoßen usw. in technisch sauberer Weise dargestellt werden. Aus Sportlern, die Freude an ihrer Betätigung haben, können Roboter werden, vorangetrieben durch Beifall und Ehrgeiz . . . In einer grotesken Form können schlappe Sportler durch riesige (natürlich imaginäre) Dopingspritzen wieder fit gemacht werden . . . Schließlich besteht noch die Möglichkeit, in einer sehr genau beobachtenden Darstellung die Momente von Hoffnung, Freude und Enttäuschung zu bearbeiten . . .

Im Stadtpark

Die Spieler der Gruppe stellen die vielen Leute dar, die im Stadtpark spazierengehen: Alte und Kinder, Hausfrauen und Klatschtanten, Polizisten und Liebespaare. Man kann nun in der nächsten Stufe die Personen mit einer pantomimischen Tätigkeit ausstatten: Kinder, die seilhüpfen, ein alter Mann füttert Vögel, ein Eisverkäufer bedient imaginäre Kunden. Eine weitere Darstellungsmöglichkeit besteht nun darin, den Kontakt zwischen den handelnden Personen zu erarbeiten: Der Alte füttert die Vögel, weil er glaubt, es seien die einzigen Wesen, die ihn noch brauchen ... Klatschtanten ziehen über die Vorübergehenden her ... ein ungeduldig Wartender schaut sehnsüchtig den anderen Liebespaaren nach, aber seine Freundin kommt immer noch nicht ... Auch komische Elemente können in den »Stadtpark« eingefügt werden: Ein Dichter wandelt musengeküßt umher, da bescheißt ihn ein Vogel ... Sogar Denkmäler und Statuen, die lebendig werden und die Stadtparkbesucher ärgern, sind möglich.

Tanzschule

Die ersten gesellschaftlichen Erlebnisse können hier von der Gruppe eingebracht und verarbeitet werden: der Wettlauf um die schönsten Tänzerinnen, die Traurigkeit der Mauerblümchen, die Schüchternheit und Angeberei der jungen Herren. Natürlich darf in dieser Gruppenpantomime nicht die Karikatur von Tanzschritten und Tanzhaltungen fehlen.

In der Eisenbahn

Die Spieler überlegen sich einen Typ und schleppen dann ihre pantomimischen Lasten ins Abteil. Besonders reizvoll wird die Pantomime, wenn es allen Darstellern gelingt, im gleichen Rhythmus des fahrenden Zuges ihre Bewegungen und Handlungen auszuführen.

Im Museum

In dieser Gruppenpantomime können einige Spieler sich als Museumsstücke bewundern lassen, während die anderen die Rolle des Kunstbeflissenen, des Gelangweilten, des Wärters, ja selbst des Kunstdiebes ergreifen.

Jahrmarkt

Die Möglichkeiten für eine Spielgruppe sind bei diesem Thema fast unbegrenzt: Losverkäufer, Ausrufer (stumme natürlich), Kinder und Erwachsene, Betrunkene ... Technisch reizvoll wird sicherlich für viele Spieler die pantomimische Darstellung von Karussell, Schiffsschaukel, Wilde Maus usw. sein. Ja ein ganzes Raritätenkabinett — und damit eine sehr gute Übung der körperlichen Ausdrucksfähigkeit — kann auftreten: der stärkste Mann, der Maschinenmensch, die Dame ohne Unterleib (darstellbar an der Reaktion der Zuschauer!) usw.

Zirkus

Hierbei können Tiere und Menschen direkt dargestellt werden: Ein Spieler als Dompteur arbeitet mit zwei Spielern, die Löwen oder Bären mimen. Die Löwen können aber auch imaginär durch Blick und Spiel des Dompteurs vorgeführt werden. Vom Seiltänzer (Leiter und Seil ...) bis zur Musikkapelle bieten sich hier genügend Rollen auch für eine große Gruppe.

Westernsaloon

Sämtliche Erfahrungen aus Wildwestfilmen kann die Gruppe in diese Pantomime einbringen, wobei von der grotesken Typendarstellung (übler Bandit, edler Sheriff, verkommene Bardame usw.) bis zur Charakterdarstellung (ein ängstlicher Mensch verbirgt durch sein forsches Auftreten seine Angst ...) alle Möglichkeiten der Pantomime offenstehen. Besonders reizvoll wird die Gruppenpantomime, wenn das Spiel mit Westernmusik unterlegt ist und alle Spieler sich im Rhythmus der Musik bewegen wie in einem alten Kintopp-Film. Man kann aber auch Elemente der Filmmusik (»Spiel mir das Lied vom Tod ...«) einsetzen.

Playback-Szenen

Für eine geübte Gruppe dürfte es keine Schwierigkeit bedeuten, Schlagerstars im Playbackverfahren (= die Musik kommt vom Band, der Sänger tut so, als ob er singen würde) nachzuahmen. Hierzu müssen Sänger im Fernsehen genau beobachtet und dadurch die Mechanismen eines Gesangsvortrages erarbeitet werden. (Dies kann für jüngere Spieler sogar sehr »heilsam« sein!)

Pygmalion

Pygmalion hieß im Altertum der Bildhauer, der sich in eine seiner Statuen verliebte und zu den Göttern betete, daß sie lebendig würde. Diese Geschichte ist — etwas abgeändert — eine reizvolle Spielvorlage für eine Gruppenpantomime: Mehrere Spieler postieren sich als Statuen (der Phantasie sind hier keine Grenzen gesetzt!) in der Werkstatt des Meisters. Pygmalion betritt nun die Werkstatt und beginnt an einer Statue zu arbeiten. Während der Arbeit wird diese Statue nun langsam lebendig. Auch die anderen Statuen erwachen zum Leben. Pygmalion verliebt sich in eine Statue und will sie umarmen. Doch die Statuen warnen ihn. Er läßt sich jedoch nicht abhalten. Im Moment der Umarmung wird er selbst zu Stein. Die Statuen verlassen die Werkstatt. Pygmalion bleibt als einzige zurück.

Im Spielzeugladen

Ein Puppenmacher schläft während der Arbeit ein und beginnt zu träumen. Seine Geschöpfe, die Puppen, Hampelmänner, Zinnsoldaten und Teddybären, werden lebendig und bewegen sich in ihrer charakteristischen Art durch den Raum, sie tanzen und spielen miteinander. Der Puppenmacher erwacht und die Puppen sind wieder leblose Geschöpfe.

Jorinde und Joringel

Das alte Märchen eignet sich ebenfalls großartig für die Darstellung von Statuen innerhalb einer Gruppenpantomime:

Eine Hexe oder ein Zauberer zieht einen Bannkreis, und alle Personen (hier bietet sich nun den Darstellern ein weites Feld: Reisende, Handwerksburschen, Landstreicher, Jäger, Schmetterlingssammler, Spaziergänger usw.), die diesen Bannkreis betreten, erstarren in der für sie typischen Bewegung. Auch Jorinde und Joringel, ein Liebespaar, kommen in die Nähe des Bannkreises. Sie streiten sich, Jorinde läuft weg und wird zu Stein. Der trauernde Joringel sucht und findet nun eine Zauberblume, mit der er alle Versteinerten wieder zum Leben erweckt und die Hexe versteinert. Diese Geschichte muß aber nicht nur als Märchen gespielt werden, sie kann auch in unsere moderne Zeit versetzt werden: Ein Zauberer erschafft einen Popanz — ob dies nun ein großer Geldsack oder ein Atomreaktor ist, bleibt der Spielgruppe überlassen. Er lädt die Leute ein, ihn zu besuchen. Und es kommen die Wirtschaftsbosse und Hausfrauen, der Fließbandarbeiter und der Intellektuelle, und alle erstarren sie zu Stein, sobald sie den Popanz berühren, um den sie vorher andächtig getanzt haben. Nur ein Kind, das seine Eltern sucht, findet nichts Großartiges an diesem Götzenbild, sondern beschäftigt sich mit einer kleinen Blume. Aber durch dieses Spiel können alle wieder erlöst werden.

Dies soll natürlich nur ein Denkanstoß zu einer Spielidee sein. Die Geschichte kann jederzeit abgewandelt werden. Sie soll jedoch als Beispiel dafür aufgeführt werden, daß Gruppenpantomime nicht nur eine »l'art pour l'art-Kunstform« ist, sondern auch Denkinhalte transportieren kann. Mit diesen Inhalten muß sich die Spielgruppe natürlich vor und nach der Darstellung in der Diskussion auseinandersetzen.

Das Denkmal

Innerhalb der »Statuenpantomimen« sei auch noch die uralte, aber trotzdem herrliche Geschichte vom Denkmal als Vorschlag für eine Gruppenpantomime erzählt:

Ein Dieb, der von einem Polizisten auf frischer Tat ertappt wurde, soll ins Gefängnis gebracht werden. Auf dem Weg dorthin überlistet er den Polizisten und kann ihm entwischen. Ein Versteck ist weit und breit nicht zu entdecken. Da hat der Dieb eine großartige Idee: Er springt auf einen leeren Denkmalsockel und erstarrt zur Statue. Der Polizist sucht verzweifelt und geht ab. Auch der Dieb will gehen, aber da kommt eine Studentin und setzt sich gerade auf die Bank vor dem »Denkmal«. Sie packt ihr Wurstbrot aus und beginnt zu essen, während sie träumerisch die Parkbäume betrachtet. Das »Denkmal« beißt nun so lange von ihrem Brot ab, bis es der Studentin zu bunt wird. Nun kommt ein Maler (oder selbstverständlich auch Malerin!). Er möchte gerne das Denkmal zeichnen, wird jedoch durch immer wieder andere Haltungen der Statue vertrieben. Auch ein Parkwächter, der die Statuen abstaubt, wird verjagt. Mit einem Kind spielt die »Statue« Ball, erstarrt aber wieder, wenn dessen Mutter hinzukommt. Schließlich läßt sich ein Liebespaar auf der Bank vor dem Denkmal nieder. Dem »Denkmal« gefällt das Mädchen. Er ärgert nun den jungen Mann und flirtet mit dem Mädchen. Zum Schluß stülpt er dem Verliebten seinen Hut übers Gesicht und läuft mit dem Mädchen davon. Inzwischen ist der Polizist von seiner Suche zurückgekehrt, erkennt den Hut wieder und verhaftet den jungen Mann, dem kein Sträuben hilft . . .

Diese Pantomime gewinnt übrigens, wenn sie im Rhythmus einer Marschmusik gespielt wird, wie sie *Chaplin* für seine Filme verwendete. Ja, man könnte sogar alle Spieler in schwarz-weiße Kostüme kleiden und sie mit abgehackten Bewegungen agieren lassen, so daß der Eindruck eines alten Filmes entsteht.

Schatzsuche

Drei Personen haben unabhängig voneinander den Lageplan eines Schatzes gefunden. Zu nächtlicher Stunde stellen sich nun gleichzeitig die drei Schatzsucher ein, beginnen zu graben und versuchen sich gegenseitig den Schatz abzujagen.

Man kann diese Geschichte als Improvisation zum Thema stellen, der Schluß wäre dann offen und den Spielern überlassen. Sicherlich ergibt sich in dieser Szene eine Menge Situationskomik, noch dazu, wo die Szene bei stockfinsterer Nacht (für den Zuschauer selbstverständlich sichtbar) spielt.

Maler und Kritiker

Ein Maler arbeitet an einem Ölbild auf einer Waldwiese. Der Darsteller kann bereits aus der Situation des Ankommens und Vorbereitens (Motivsuche, Aufstellen der Staffelei, eine Biene ärgert ihn) eine herrliche Studie erarbeiten. Nun kommt ein Spaziergänger hinzu, der von der Kunst des Malers restlos begeistert ist. Er stört nun den Künstler, indem er vor dem Motiv steht, durch Schulterklopfen usw. Dann naht ein mißmutiger Mensch, dem die Malerei überhaupt nicht gefällt. Er stört den Künstler durch sein Kopfschütteln, er gerät mit dem Schwärmer in Streit, der Maler wird miteinbezogen . . .

Die Bürokraten

Ein Mensch befindet sich auf Arbeitssuche. Er will sich beim Bau, in der Fabrik verdingen, aber ihm fehlt ein Stempel auf seinem Ausweis. Er geht nun zum Pförtner des großen Rathauses, der ihm pantomimisch den Weg zeigt. Doch all die Beamten, die für ihn zuständig sein sollten, sind beschäftigt oder nicht kompetent. Man schickt ihn ins Nebenzimmer zum Kollegen, der jedoch macht eben Pause. Der nächste Beamte telefoniert gerade mit seinem Chef und anschließend mit einem Untergebenen (was man sehr gut durch die Haltung des Telefonierenden darstellen kann). Der vierte Beamte feilt gerade seine Fingernägel und der fünfte ist eingeschlafen. Nun klaut der Mensch einen Stempel und bekommt seine Arbeit.

Eine engagierte Gruppe wird sich vielleicht mit bloßer »Beamtenbeschimpfung« nicht zufriedengeben. Das eben beschriebene Thema ist leicht abzuwandeln: Ein Strafgefangener wird entlassen. Er sucht nun Wohnung und Arbeit. Das eine bekommt er jedoch nicht, wenn er das andere nicht schon vorweisen kann. Es ist eine schwierige, aber bestimmt lohnende Aufgabe für eine Spielgruppe, diesen Teufelskreis mit seinen zahlreichen Charakteren (Strafgefangener, Personalchef, Wohnungsvermieterin, Kneipenwirt, Beamter usw.) zu erarbeiten. Allerdings sei hier eine Anmerkung erlaubt: Wenn eine Spielgruppe sich ernste sozialkritische Themen als Spielaufgaben stellt, sollte auf alle Fälle vor und nach der Improvisation über das Thema diskutiert werden. Das Schicksal von Randgruppen unserer Gesellschaft sollte keinesfalls zum bloßen Übungsstoff für Pantomimen verkommen! Wenn diese Szenen öffentlich vorgeführt werden, sollten sie erst nach längerer Zeit des Probens und Nachdenkens veröffentlicht werden, da sie sonst der Sache der Außenseiter mehr schaden als nützen würden.

Mensch und Roboter

Das uralte Thema vom künstlichen Menschen eignet sich natürlich auch für das pantomimische Spiel in Gruppen. Ein Mensch baut einen Roboter, läßt sich von ihm bedienen. Plötzlich brennt im Roboter eine Sicherung durch, und er zwingt nun den Menschen, für sich zu arbeiten.

Ein Mensch kauft einen Roboter und will sich nun verwöhnen lassen. Jedoch die Bedienung des Roboters zwingt auch dem Menschen ein maschinenbestimmtes Leben auf. Er wird immer mehr selbst zum programmierten, mechanisch handelnden Roboter. Er lernt einen Partner kennen, jedoch verliert er ihn sehr schnell wieder, weil er ihn — wie beim Roboter gewohnt — programmieren will . . .

Auf einem andern Stern

Eine Mannschaft von Raumfahrern landet auf einem fremden Stern. Die Mannschaft kann nun darstellerisch auf die fremde Umwelt reagieren und den Zuschauern durch ihr Spiel die Ereignisse auf dem Stern erzählen. Man kann jedoch auch (kostümierte) Bewohner des Weltalls auftreten lassen.

Diese Pantomime kann auch in der Rahmenhandlung »Bericht über einen fremden Stern« erarbeitet werden und sich mit Phantasietänzen, erdachten pantomimischen Interviews und sonstigen Lebensgewohnheiten von Sternbewohnern beschäftigen.

Notlandung

Die Spieler stellen Passagiere eines Flugzeuges dar, das eben im Dschungel notlanden mußte. Der darstellerische Schwerpunkt sollte hierbei auf der Stimmung und auf der Umwelt, der Hitze, der Müdigkeit usw. liegen.

Die Maschine kann auch in der Arktis im ewigen Eis landen, und Passagiere müssen sich durch eisigen Wind zu einer Hütte durchkämpfen.

Miniaturen

In dieser Übung können mehrere Spieler genaue Studien erarbeiten. Hierbei sollte zuerst ganz genau die alltägliche Situation und dann erst das Ereignis dargestellt werden:

Eine Lehrerin füttert voll Hingebung die Affen im Zoo, obwohl am Käfig ein großes Schild »Füttern verboten« hängt. Sie wird längere Zeit von einem grinsenden Schüler beobachtet, der sich dann provozierend neben sie stellt. Wie die Lehrerin reagiert, bleibt der Darstellerin überlassen.

Zwei Frauen befinden sich auf einer vornehmen Gesellschaft. Als sie einander vorgestellt werden, bemerken sie, daß sie dasselbe Kleid anhaben. Auch hier sei die Reaktion den Spielern überlassen.

Zwei Schüler gehen aus Neugierde in ein verrufenes Hafenviertel und treffen dort ihren Klaßlehrer.

Zwei Diebe steigen gleichzeitig, ohne voneinander zu ahnen, durch verschiedene Fenster in eine Wohnung ein und treffen sich vor dem Safe.

In einem seltsamen Haus

Einige Spieler dringen (die Situation muß hier gegeben werden: im Urlaub, als Detektive usw.) in ein seltsames altes Haus ein. Diese Gruppenübung eignet sich sehr gut zur gemeinsamen konzentrierten Wiederholung von pantomimischen Techniken, wie Laufen, Wand, Türen usw. Die Spieler bewegen sich in diesem seltsamen Haus im Gänsemarsch hintereinander. Der erste Spieler öffnet eine Tür, die auch der fünfte in der Reihe noch exakt an derselben Stelle öffnen muß. Auch die Treppen, die Wände und sonstigen Gegenstände müssen von allen gleich sichtbar gespielt werden.

Im Labyrinth

Eine technische Steigerung der eben beschriebenen Übung kann die Geschichte von Theseus sein, der mit seinen Kameraden in das Labyrinth eindrang, um dort mit dem Stier zu kämpfen. Er fand am Faden, den ihm Ariadne gegeben hatte, wieder heraus. Auch die Spieler tasten sich an den imaginären Wänden vorwärts, wobei die Ecken von allen an derselben Stelle gespielt und erlebt werden müssen. Schließlich gelingt es ihnen, das Untier zu erlegen. Ein Freudentanz nach der überstandenen Gefahr — und dann tasten sich unsere Helden wieder zum Ausgang zurück.

Herrschaftsverhältnisse

Diener und Herren können in dieser Etüde im Wandel der Zeiten dargestellt werden. Der Bauer im Mittelalter, der Arbeiter des 19. Jahrhunderts und der Fließbandarbeiter im Jahr 1980 . . . sie alle haben einen Chef . . .

Spieluhren

Um einen Wandel darzustellen, bei dem sich eigentlich doch nur wenig ändert, kann man die Möglichkeit der Spieluhr einsetzen: Wie im eben beschriebenen Beispiel stellen sich die einzelnen Spielgruppen im Dreieck auf und beginnen mit Einsetzen der Musik sich wie automatische Spielfiguren zu bewegen. Nach einer bestimmten Zeit bewegen sich alle Spielgruppen im Uhrzeigersinn eine Station weiter, so daß ein rundum sitzendes Publikum alle Herrschaftsverhältnisse von vorne sieht. Die einzelnen Gruppen spielen stets gleichzeitig, auch wenn eine Gruppe auf einer Guckkastenbühne zur Wand spielen sollte.

Lebenslauf

Diese Spieluhr hat vier Bilder: Zwei Kinder spielen miteinander — Jüngling und Mädchen verlieben sich — Frau und Mann arbeiten miteinander — Großmutter und Großvater ruhen sich aus.

Die Art der Spieluhrpantomime eignet sich auch sehr gut, Ereignisse und Tatsachen, die man in der Gruppe als ständig wiederkehrende Übel begreift, darzustellen. Besonders durch die meditative Art der Darstellung wird der Zuschauer gezwungen, über die immer wiederkehrenden, durch die maschinelle Bewegung grotesk verzerrten Tatsachen nachzudenken.

Emanzipation

Diese Spieluhr hat wieder vier Bilder: Ein kleines Mädchen spielt mit seiner Puppe. Ein Junge nimmt ihr die Puppe weg und macht sie kaputt. — Ein junger Mann »reißt« ein Mädchen auf, das ihn anhimmelt. — Ein Ehemann streitet sich mit seiner Frau und schlägt sie. — Eine Arbeiterin wird vom Vorarbeiter in der Zeit angetrieben. Zur »Aufmunterung« tätschelt sie der Mann auf den Po.

Hierzu sollte man sich eine Musik aussuchen, die die Ironie der Szene noch verstärkt, wie z. B. »Du hast Glück bei den Frauen, bel'ami«.

Vietnamkarussell

Diese Spieluhr inszenierte ich zur Zeit des Vietnamkrieges für eine Friedensrevue. Der Name wäre vielleicht nicht mehr aktuell, ist aber austauschbar, denn die Aussage der Pantomime ist leider immer noch aktuell.

Die erste Figurengruppe stellte den Polizeipräsidenten von Saigon dar, der einen gefangenen Vietkong auf offener Straße niederknallte. (Das Bild ging damals durch die Weltpresse.) — Die nächste Gruppe bestand aus stupide vor sich hin marschierenden Soldaten. — Sie wurde abgelöst von einer Gruppe flüchtender alter Frauen. — Die letzte Figurengruppe bestand aus einem Soldaten, der ein Mädchen an ihren Haaren zu sich heranzog, um sie zu küssen. Die Darsteller bewegten sich wie Maschinenpuppen mit abgehackten Bewegungen zur Drehorgelmusik von »Teure Heimat, wann seh'n wir dich wieder«, dem Gefangenenchor aus »Nabucco«. Alle 30 Sekunden drehte sich das Karussell eine Station weiter, dann wurde wieder 30 Sekunden am Platz die Aktion der jeweiligen Gruppe gespielt usw. Insgesamt dauerte diese Spieluhr etwa 15 Minuten, eine für den Zuschauer quälend lange Zeit, in der er zum Nachdenken angeregt wurde.

Das Hemd des Glücklichen

Diese Pantomime kann nach einem alten Märchen gestaltet werden: Ein König ist krank, keiner kann ihm helfen. Da sagt ein Weiser, daß den König nur das Hemd eines Glücklichen heilen kann. Der König sendet nun seine Boten aus, jedoch die Glücklichsten erweisen sich bei genauerem Hinsehen als nur scheinbar glücklich.

Dies wäre eine Spielvorlage, zu der sich eine Gruppe viel Gedanken machen könnte, sowohl über die Szene um die vermeintlich Glücklichen in unserer Gesellschaft als auch über den Schluß der Geschichte.

Die Elemente

Wasser, Feuer, Luft und Erde lassen sich in konkreter Spielart darstellen: eine Gruppe hat Durst und kommt an einen See — ein Spieler zündelt, das Feuer greift um sich, die andern helfen beim Löschen — man läßt Drachen steigen und fliegt selbst — die Spieler stellen Gartenarbeit dar, pflanzen und ernten.

Aber auch die abstrakte Darstellungsweise ist für derlei Themen geeignet: Ein Spieler ist eine kleine Flamme, die andere entzündet. Wenn alle Spieler »ausgebrannt« sind, fallen sie kraftlos in sich zusammen. Das Feuer hat sich selbst verzehrt. — Eine Gruppe stellt Wasser in der Bewegung dar. Viele kleine Rinnsale vereinigen sich zu einem Bach, zu einem Fluß und münden in ein gemeinsames Meer. — Die Spieler laufen gegen den Wind, sie stemmen sich gegen seine Gewalt, aber sie werden herumgewirbelt wie Blätter. — Die Spieler sind Saatkörner in der Erde, wachsen nach oben, ziehen ihre Kraft aus der Erde und verwelken und sterben schließlich.

Schließlich kann eine Gruppe über den Weg der abstrakten Darstellung eine sehr genaue konkrete Szene erarbeiten. Hierzu zwei Beispiele: Das verzehrende einnehmende Wesen des Feuers und das »bodenständige« schwere Wesen der Erde wurden in Übungen erarbeitet. Nun wird das Element Feuer auf den Beruf einer Heiratsvermittlerin und das Wesen des Elements Erde auf einen schwerfälligen unentschlossenen Klienten übertragen.

Aus der Improvisation über die kleine Flamme, die zum Feuersturm wird, kann eine Szene über die Revolution entstehen. Aus der Empörung eines einzelnen, der andere mitreißt, wächst eine Vernichtungswut, in der sich jeder gegen jeden wendet. Die Revolution frißt ihre Kinder.

Der Baum blüht

Die vier Jahreszeiten

In ähnlicher Weise lassen sich auch die vier Jahreszeiten bearbeiten: Zunächst bildhaft der Frühling, der die Leute herausholt aus ihrer Winterdumpfheit. Die Spieler sonnen sich, sie finden die ersten Blumen, sie säen und pflanzen. — Für die Sommerzeit kann die Darstellung von »Freibad«, »Urlaub und Camping« stehen. — Im Herbst erntet man die Früchte, man läßt Drachen steigen und sammelt für den Winter. — Dann treibt die Kälte die Spieler in die Häuser, man sitzt am Ofen oder tummelt sich im Schnee und spielt Schneeballschlacht und Skifahren.

Auch hier ist eine Übertragung des Themas in die Abstraktion möglich. Man kann den gesamten Lauf des Jahres am Erblühen, Wachsen und Erstarren eines Baumes darstellen. Natürlich bietet sich auch die Darstellung der »menschlichen Jahreszeiten«, Jugend, Reife, Alter, Tod, in einer Improvisation an.

Aber auch die vollkommen abstrakte Darstellung von Erwachen, Fülle und Reife, Absterben und Erstarren kann eine Gruppe erarbeiten. Hier jedoch nähert man sich bereits den Darstellungsformen des Ausdruckstanzes, der nicht durch eine einzige Übung erlernbar ist.

Tableau vivant

Diese »Lebenden Bilder« sollten nicht mit Scharaden oder gar mit den »Bildern aus deutscher Geschichte« verwechselt werden, die in den Salons der Jahrhundertwende veranstaltet wurden. Die Übungen dienen zur Erarbeitung von abstrakten Begriffen, wie Freiheit, Freude usw., deren Darstellung in der Pantomime ansonsten nicht möglich ist. Außerdem kommt noch hinzu, daß die Spieler durch diese Improvisationen lernen, sich mit den Partnern im wahrsten Sinn des Wortes blind zu verstehen und ein Raumgefühl in der Beziehung zum Mitspieler zu entwickeln.

Den Spielern wird ohne vorherige Absprache das Thema »Flucht« gegeben. Der Raum ist dunkel und der Spielleiter »gibt die Zeit« durch Schläge auf ein Tambourin. In dieser Dunkelphase formieren sich nun die Spieler — ohne miteinander zu sprechen — zum ersten Bild. Dann wird nach etwa zehn Sekunden ein Scheinwerfer eingeschaltet, die Spieler stehen erstarrt. Nun erlischt das Licht wieder und die Spieler formieren sich zum zweiten Bild. Die Improvisation über das Thema kann bis zu zehn Bilder dauern.

Aus der Erfahrung von zahlreichen Tableaus mit verschiedenen Gruppen kann ich berichten, daß sich in den ersten Bildern die Spieler meist mit ihrer eigenen Darstellung beschäftigten und im Laufe der Übung immer mehr zum »Gruppenbild« übergingen.

Folgende Begriffe seien zur Anregung aufgeführt:

Trauer — Freude — Friede — Zusammenhalt — Liebe — Erwachen— Auferstehung — Kampf — Neid — Mißgunst — Haß.

Aber auch Haltungen und Stimmungen eignen sich:

gemeinsam — verloren — einsam — trotzig — aufbegehrend — sich verschließend — sich öffnend — wütend — traurig.

Diese Begriffe, Haltungen und Stimmungen können nun — nach vorheriger Absprache — als zeremonielle Bilder, als Steigerung der körperlichen oder emotionalen Bewegung oder in der Degression bearbeitet werden.

Auf alle Fälle ist es der Übung zuträglich, wenn den Spielern vor der Improvisation Zeit gegeben wird, allein oder gemeinsam über den jeweiligen Begriff nachzudenken.

Auch die Themen können eine Entwicklung beinhalten, wie z. B. »Jugend, Reife, Alter, Tod«.

Als weiteres Beispiel sei ein Tableau erzählt, das eine Gruppe in einer öffentlichen Veranstaltung zum Themenkreis »Menschenrechte« vorführte.

Der Saal war vollkommen dunkel. Dann flammten die Scheinwerfer auf und die Zuschauer sahen eine Szene, in der aufgebrachte Menschen einen anderen erhängten. Durch die vollkommene Bewegungslosigkeit wurde die grausame Szene grotesk verstärkt. Nun ging es weiter mit allen erdenkbaren Arten, die nur Menschen ersinnen können, um andere Mitmenschen zu töten. Die Wirkung der Bilder wird noch dazu dadurch verstärkt, daß die Spieler in den Dunkelpausen ständig albern kicherten und lachten. Gerade dieses Kichern in den immer länger werdenden Dunkelpausen »schärfte« — nach anfänglicher Verunsicherung — den Blick des Publikums für das Ungeheuerliche, das da auf der Bühne geschah.

Die Toten von Pompeji

Mit einer reiferen Gruppe kann man auch in Art des Tableau den Tod spielen, der die Bewohner von Pompeji durch den plötzlichen Ausbruch des Vesuvs überraschte. In den Dunkelpausen hört man den Lärm des Alltags einer Stadt. Dann erkennt man im Licht die erstarrten Körper, die der Tod eingeholt hat.

Selbstverständlich kann der Titel dieser Improvisation auch nur ein Synonym für den »Atemtod« sein . . .

Szenische Entwürfe für Gruppenpantomimen

Die nun folgenden Szenenvorlagen sind als Anreize für eine selbständige Gestaltung und Erarbeitung von sogenannten Mimodramen, aus kleinen Theaterstücken ohne Worte, gedacht.

Der Heiligenschein

Ein fauler und ein fleißiger Büroangestellter — der Faule räkelt sich auf seinem Stuhl, baut Papierflieger und putzt sich die Fingernägel; der Fleißige tippt, tippt und tippt. Als der Fleißige kurz den Raum verläßt, wechselt der Faule die Schriftstücke aus. Bevor noch der Fleißige protestieren kann, betritt der Chef den Raum, lobt den Faulen (der ja nun die vollgeschriebenen Seiten vorweisen kann) und wirft den Fleißigen als vermeintlichen Faulpelz raus. Der so Gedemütigte geht nach Hause, setzt sich an den Schreibtisch und beginnt einen Brief an den Chef zu schreiben. Während er schreibt, sieht das Publikum die Gedanken des Schreibers: Ein Briefbote überreicht den Brief, der Chef liest und will den »echten« Faulen rauswerfen. Doch bevor er dazu kommt, zerreißt der Fleißige den Brief, er bringt es nicht übers Herz, den Kollegen anzuschwärzen. Das Publikum sieht nun die eben beschriebene Szene wie in einem rückwärtslaufenden Film. — Nun betritt ein Engel die Szene und hält einen (nicht pantomimisch gespielten, sondern real glänzenden) Heiligenschein über den Kopf des Fleißigen. Dieser sonnt sich zunächst in diesem Glanz, geht dann auf die Straße, um auch andern Leuten zu zeigen, was ihm widerfahren ist. Jedoch kommt es anders als erwartet: Sein Freund lacht ihn aus, eine ältere Dame wundert sich und Kinder verspotten ihn. Nun will er den Engel samt Heiligenschein wieder loswerden, doch der Engel läßt sich weder durch Drohungen noch durch Tricks abschütteln. Da beschließt der Fleißige, sich umzubringen. Er trinkt Gift, doch der Engel macht das Gift unwirksam; er versucht sich aufzuhängen, der Engel schneidet den Strick ab; ja selbst ein großes Messer wird unwirksam. Endlich kommt ihm die rettende Idee: Er setzt sich an den Schreibtisch und beginnt den bewußten Brief zu schreiben ... Der Briefbote bringt den Brief und der Chef wirft den Faulen raus. Noch während der Fleißige den Brief schreibt, packt der Engel seinen Heiligenschein zusammen und verläßt traurig den nun zufriedenen Mann.

Choreographieentwurf zum »Heiligenschein«

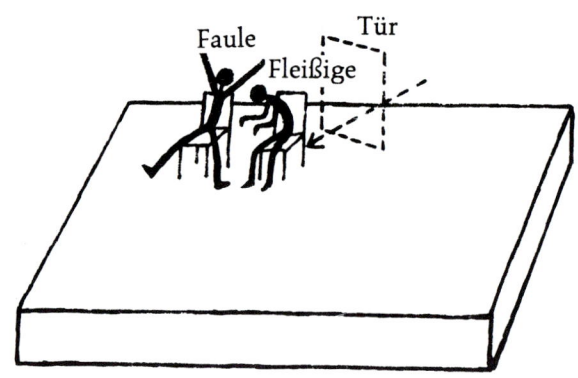

Der gesamten Pantomime ist die Musik »Dorfmusikanten« von Mozart unterlegt.

Der Fleißige kommt, setzt sich und beginnt zu schreiben. Dann setzt sich der Faule, gähnt und streckt sich.

Blickkontakt. Der Fleißige blickt den Faulen strafend an.

Der Faule putzt sich die Fingernägel, streckt dem Fleißigen die Zunge raus.

Schließlich faltet er einen Flieger. Beide blicken dem Flieger nach.

Der Faule schenkt eine Tasse aus seiner Thermosflasche ein und bietet dem Fleißigen an.

Der Fleißige muß aufs Klo. Endlich hält er es nicht mehr aus und geht.

Der Faule hat eine Idee! Er wechselt den beschriebenen Bogen gegen seinen leeren aus.

Der Fleißige kommt zurück. Sieht entsetzt das leere Blatt. Er droht dem Faulen.

Da betritt der Chef den Raum. Er lobt den Faulen und sieht empört das leere Blatt des Fleißigen. Er wirft den Fleißigen raus.

Der Fleißige geht nach Hause. Setzt sich an seinen Schreibtisch und legt ein Blatt zurecht. Er beginnt einen Brief zu schreiben. Er will dem Chef das erlittene Unrecht beschreiben.

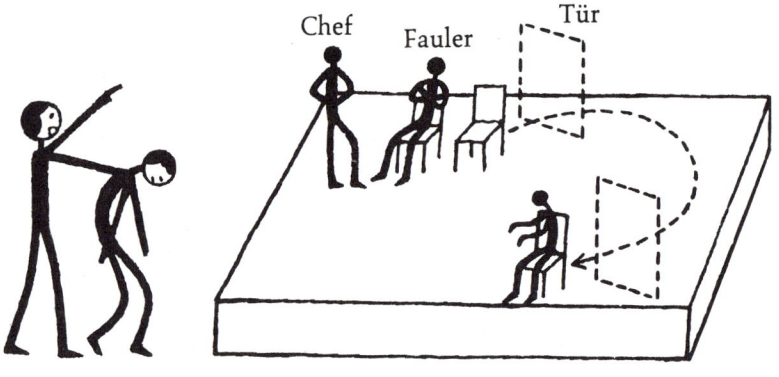

Während er schreibt, läuft im Hintergrund der Postbote mit dem Brief, übergibt ihn dem Chef. Dieser liest, will den Faulen rauswerfen.

In diesem Moment zerreißt der gute Fleißige den Brief, alles läuft nun — wie im rückwärts gedrehten Film — zurück.

Da betritt der Engel das Zimmer. Hält einen Heiligenschein über den Kopf des Fleißigen. Der ist zunächst verdutzt. Dann geht er auf die Straße, um den Leuten seinen Heiligenschein zu zeigen.

Freund: Zunächst kommt ein Freund. Der Fleißige winkt. Als der Freund den Heiligenschein sieht, beginnt er zu lachen. Schließlich läuft er weg.

Alte Frau: Eine alte Frau kommt mit zwei schweren Körben. Sie setzt erstaunt die Körbe ab und beschaut ungläubig den Fleißigen. Schließlich geht sie kopfschüttelnd ab.

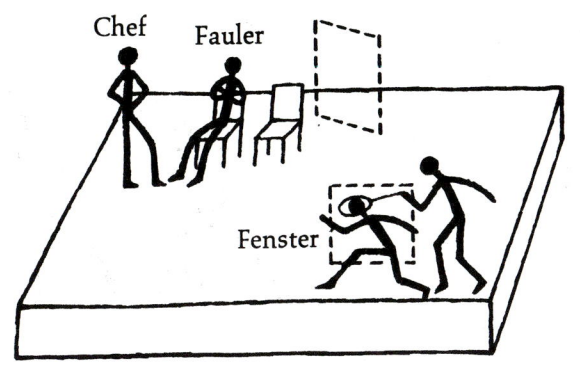

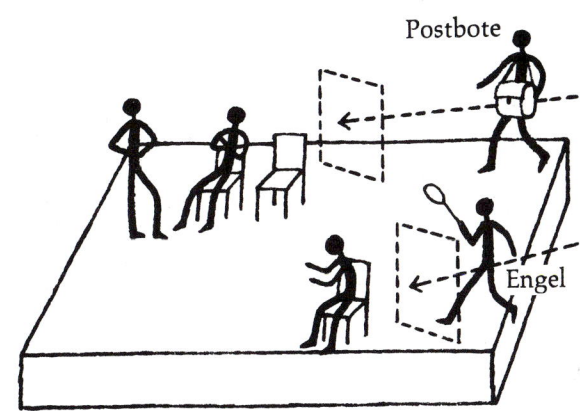

großer Fingerzeig!
und schütteln
vor Lachen

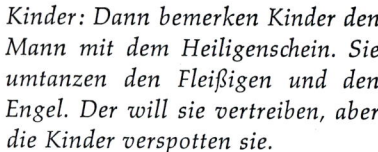

1.

2.
Hinterteil
rausstrecken!

Kinder: Dann bemerken Kinder den Mann mit dem Heiligenschein. Sie umtanzen den Fleißigen und den Engel. Der will sie vertreiben, aber die Kinder verspotten sie.

Der Fleißige will nun den Heiligenschein loswerden. Er befiehlt dem Engel, zu verschwinden. Dieser geht aber nicht. Der Fleißige geht in ein Pissoir, der Engel hält sich die Augen zu und geht mit.

Freundin: Nun sieht der Fleißige von weitem seine Freundin kommen. Er versucht den Engel zu verstecken. Die Freundin bemerkt ihn. Der Fleißige bedeutet ihr, daß der Engel vom Himmel käme. Die Freundin ahmt ironisch nach. Der Fleißige bittet, aber die Freundin läuft weg.

Der Fleißige geht nun nach Hause und versucht sich umzubringen.

Er geht zum Schrank und füllt Gift in einen Becher. Der Engel leert den Becher aus.

Er will sich erschießen. Der Engel schlägt ihm die Pistole aus der Hand.

Er holt einen großen Säbel aus dem Schrank. Diesen sticht er sich in den Bauch. Er fühlt aber keinen Schmerz. Der Engel grinst ihn an. Er kapiert!

Er stürzt zum Fenster. Der Engel fängt ihn mit dem Heiligenschein wie mit einem Lasso ein.

Schließlich setzt sich der Fleißige an den Schreibtisch und beginnt den Brief an den Chef zu schreiben. Der Postbote überbringt den Brief, der Chef liest ihn, wirft den Faulen raus. Der Fleißige ist zufrieden. Der Engel geht traurig ab.

Spielfeldaufteilung: I. Büro

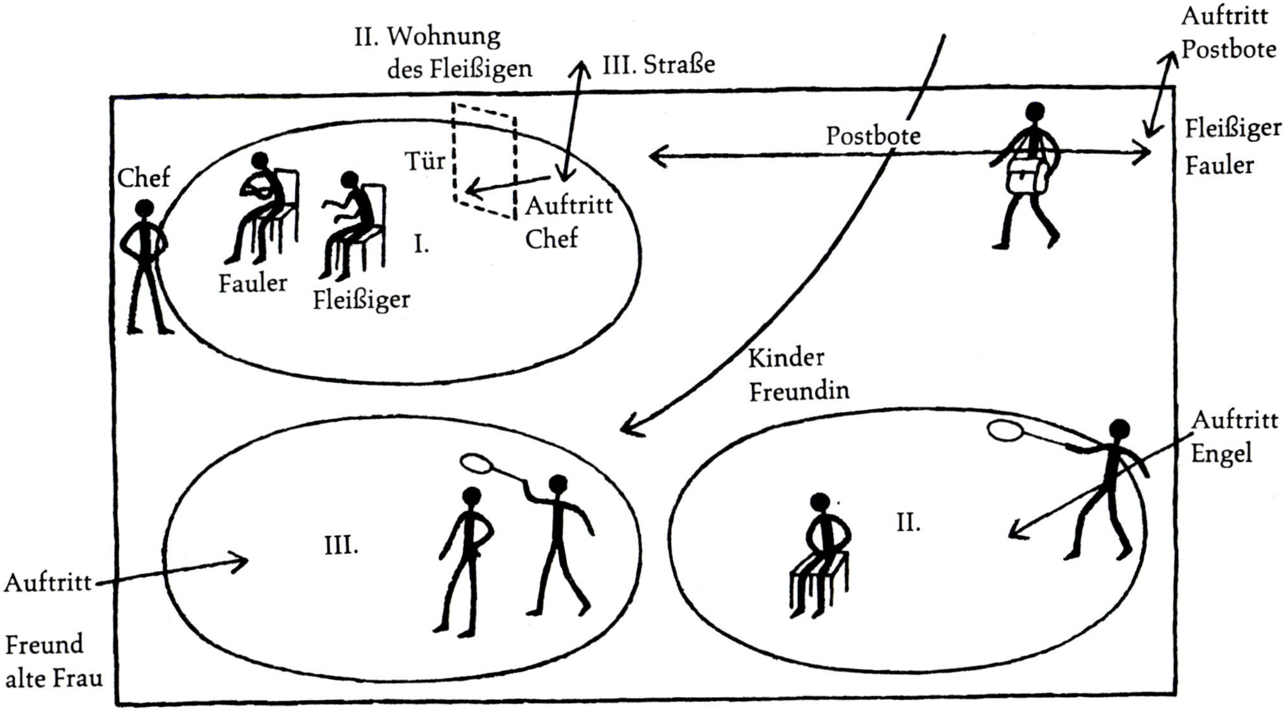

Der Kampf um den Stuhl

Auf der Bühne stehen drei Sitzgelegenheiten, in der Mitte ein bequemer Sessel, links und rechts davon ein Stuhl und ein Hocker. In der Mitte thront der Vater als Familienoberhaupt, auf dem Stuhl die Mutter und auf dem Hocker das Kind.

Natürlich sind die beiden neidisch auf die weiche Sitzgelegenheit des Vaters und versuchen nun mit allen möglichen Tricks, ihn von seinem Thron zu verjagen. Ist dies gelungen, so ist die Szene noch nicht zu Ende, da ja nun zwei Anwärter auf den Thron vorhanden sind; sie können sich um den Sessel streiten, sich zunächst zu zweit daraufsetzen, bis es ihnen zu eng wird usw.

Diese Szene kann eine Gruppe als Denkanstoß für ihre Zuschauer inszenieren, um diese zum Nachdenken über die Situation in ihrer Familie zu bringen. Ebenso angebracht ist es aber, dieses Spiel auf die politische Ebene zu heben: der Machtkampf im Betrieb — einer sägt am Stuhl des andern, der Kampf um die Macht im Staat — wenn sich mehrere Revolutionäre den Thron des eben verjagten Monarchen teilen müssen.

Durch ihre plakative Art eignet sich diese Szene besonders gut für das Straßentheater.

Rashomon

Dieses Mimodram wurde von mir nach der Novelle des japanischen Schriftstellers *Akutagawa* inszeniert[14].

Zu Beginn des Mimodrams wird dem Publikum in kurzen Szenen nach Art des Tableau vivant der Verlauf der Geschichte in fünf Stationen erzählt: Ein Samurai geht mit seiner Frau auf einer Straße — Ein Mann gesellt sich zu ihnen — Dieser Mann zeigt in die Richtung eines Waldes mit dichtem Unterholz und lockt den Mann dorthin — Der Räuber schlägt auf den Samurai ein — Der Samurai liegt tot am Boden.

Nun betritt ein Richter die Szene und setzt sich auf einen erhöhten Stuhl. Vor ihm erzählen nun nacheinander der Räuber, die Frau und der Samurai die vorgefallene Geschichte aus ihrer Sicht. Die nun folgenden Aussagen formuliere ich in der Ichform, um eine Spielgruppe, die sich für dieses Mimodram interessiert, nicht in ihrer Phantasie und Darstellungskraft zu beeinflussen. Diese szenischen Entwürfe sollen zu eigener Gestaltung anregen und nicht fertige Choreografien vermitteln.

Aussage des Räubers: Als ich den Samurai und seine Frau sah, beschloß ich, um jeden Preis die Frau zu besitzen. Ich ging auf den Mann zu und erbot mich, ihm billige Waffen zu verkaufen. Ich hätte diese Waffen im Unterholz vergraben. Als

14 *Ryunosuke Akutagawa*, Rashomon.

wir tief im Gebüsch waren, überwältigte ich ihn. Dann lockte ich die Frau an die
nämliche Stelle, indem ich ihr erzählte, ihrem Mann sei etwas zugestoßen. Dort
nahm ich sie. Ich wollte danach gehen, doch die Frau hielt mich zurück und ver-
langte, ich solle um sie kämpfen. Sie könne nicht vor zwei Männern in Schande
leben. Sie wolle mit dem gehen, der am Leben bliebe. Im Zweikampf erstach ich den
Samurai. Als ich mich umsah, war die Frau entflohn.

Aussage der Frau: Der Mann ging mit meinem Ehemann weg. Nach einiger
Zeit kam er allein zurück und bat mich, mit ihm zu gehen. Ich folgte ihm und sah
mit Entsetzen, daß mein Mann an einen Baumstumpf gebunden war. Dann griff
mich der Räuber an. Nachdem er mich geschändet hat, nahm er die Waffen meines
Mannes an sich. Dann ging er. Ich war außer mir vor Scham. Als ich mich meinem
Mann näherte, wandte er sich verächtlich ab. Um nicht als Ehrlose weiterzuleben,
beschloß ich, uns beide zu töten. Ich hob den Dolch, mit dem ich mich gegen den
Räuber wehrte, vom Boden auf und stieß ihn meinem Mann ins Herz. Dann aber
verließ mich der Mut und ich rannte davon.

Aussage des Mannes: (Der Mann liegt zuerst tot am Boden und wird in einem
Beschwörungstanz ins Leben zurückgeholt.)
Der Räuber versprach mir, kostbare Waffen zu verkaufen. Ich ging mit ihm.
Er fiel mich feige von hinten an und überwältigte mich. Dann holte er meine Frau.
Danach versuchte der Räuber meine Frau zu trösten und bat sie, mit ihm zu gehen.
Sie sah ihn voll Liebe an und sagte, daß sie ihm folgen wolle. Dann aber deutete
sie auf mich und schrie, er solle mich töten. Voll Abscheu hob er die Waffe, um sie
selbst zu töten, falls ich es wollte. Ich bräuchte nur mit dem Kopf zu nicken. Sie aber
lief fort. Bevor auch er ging, löste er meine Fesseln. Um nicht als Ehrloser und
Gedemütigter weiterzuleben, hob ich den Dolch meiner Frau, mit dem sie sich zum
Schein gewehrt hatte, auf und stieß ihn mir ins Herz.

Der Richter verläßt seinen Stuhl und denkt nach. Er hebt resignierend die Schultern und geht. Keiner der drei hat gelogen, jeder erzählte die Geschichte so, wie er
sie sehen wollte; es gibt keine absolute Wahrheit: »Vielfach ist das Bild des Mondes
in den Gewässern; er jedoch ist einzig . . .«

Haben sie Jakob Smith gesehen?
Die Spielidee stammt von *Jean Soubeyran.* Dieses Mimodram eignet sich besonders gut für eine größere Gruppe. Das Ensemble wird aufgeteilt in Gruppen von
etwa zehn Personen; jede dieser Gruppen bestimmt einen Chorführer, der der Protagonistin jeweils die weiterführende Antwort gibt. Die »Hauptdarstellerin« sucht
nach Jakob Smith, er ist vielleicht ihr Sohn oder ihr Mann, niemand weiß es.

Die erste Gruppe spielt nun zuerst »*Wirtshaus*«: Drei, vier Gäste spielen Karten, einige Gäste stehen an der Theke, der Wirt (Chorführer) dahinter. Es soll während des Spiels die Atmosphäre eines Wirtshauses entstehen. Vielleicht kann man die Darstellung auch durch Geräusche und genau festgelegte, immer wiederkehrende Satzfetzen verstärken. Auf die Frage der Spielerin: »Haben Sie Jakob Smith gesehen?« antwortet der Chorführer: »Verhaftet, im Gefängnis!«

Gefängnis: Einige Spieler stellen Wächter dar, die auf und ab gehen, Gefangene, die ihre Hände durch die Gitter strecken, die aufbegehren oder resignieren, ein Beamter verhört einen Neuzugang . . .
Die Antwort des Chorführers: »Geflohen, ins Gebirge . . .«

Gebirge: Die Gruppe stellt gemeinsam ein Gebirge dar, das die Protagonistin mühsam überwindet. Am Fuß des Berges sitzt ein alter Bauer, der eine Ziege melkt. Er gibt die Antwort: »Über den Fluß . . .«

Fluß: Die Gruppe liegt am Boden und stellt gemeinsam den Fluß mit seinen Wellen dar. Ein Fährmann wird von der Spielerin gerufen und setzt sie über. Seine Antwort: »Er lief weiter, in die Wüste . . .«

Wüste: Von der Gruppe werden Felsen und verdorrte Sträucher, ja selbst eine Fata Morgana (ein Felsen, aus dem Wasser sprudelt, der aber in sich zerfällt, wenn die Protagonistin trinken will) dargestellt. Die Spielerin wandert erschöpft durch den heißen Sand. Die Antwort auf ihre immer wiederkehrende Frage erhält sie von einem Beduinen, der singend vor seinem Zelt sitzt: »Weitergelaufen, in den Urwald . . .«

Urwald: Die Gruppe stellt undurchdringliches Dickicht dar, durch das sich die Protagonistin mühsam kämpft. Die weiterführende Antwort hier: »Im Dorf.«

Dorf: Hier wäre ein Markttag in einem kleinen Dorf vorzuschlagen mit seinen rhythmischen Ausrufen der Verkäufer, das Feilschen der Käufer usw. Die Antwort hier: »In der Kirche.«

Kirche: Die Gruppe stellt Kirchenbesucher dar, in verschiedenen Gebetshaltungen. Eine immer wiederkehrende Phrase eines Chorals verstärkt die Atmosphäre. Die Antwort: »Auf dem Friedhof . . .«

Friedhof: Die Spieler stellen paarweise Grabhügel und Grabkreuz dar. Ein Grabkreuz steht allein, noch fehlt der Grabhügel. Die Protagonistin läuft suchend durch die Grabreihen. Ein Scheinwerfer kann die Schatten der verschiedenen Kreuze an die Wand werfen. Da sieht sie den Namen des Gesuchten auf dem alleinstehenden Kreuz. Sie schreit auf und sinkt als Grabhügel zu Füßen des Kreuzes.

Maschine

Aus Alltagsbewegungen der Spieler entsteht eine Maschine:

Der erste Darsteller betritt die Spielfläche, sieht in der Ferne einen Bekannten und winkt ihm. Aus dem Winken entsteht eine maschinenmäßige Kreisbewegung der Arme. Nun kommen zwei Spieler hinzu, die sich mit Handschlag begrüßen . . . zwei Kinder schaukeln auf einer Wippe . . . eine Mutter fährt mit ihrem Kinderwagen herbei . . . ein Straßenkehrer geht seinem Beruf nach . . . alle Alltagsbewegungen münden in einer großen Maschine, die ständig wächst.

Pantomimisches Spiel mit Kindern

Pantomimisches Spiel mit Kindern sollte sich nicht darauf beschränken, Kinder zuschauen oder nur nachahmen zu lassen, sondern sollte stets kreativer Art sein, d. h. immer einen Mitspielcharakter beinhalten.

Man sollte im darstellenden Spiel mit Kindern nie auf die Kunstform der Pantomime (wie z. B. das pantomimische Gehen) zurückgreifen, auch wenn der Leiter oder Lehrer der Kindergruppe sie beherrschen sollte. Pantomime ist im Spiel mit Kindern nur als stummes Spiel ohne Gegenstände zu betrachten, wobei man durchaus einmal die »wortlose Sprache« um einige Töne, Worte oder Requisiten »bereichern« darf, ohne die Kunst der Pantomime zu schmälern.

Pantomime mit Kindern ist — so drückte es einmal ein Kind aus — »Spielen mit Gegenständen aus Luft«.

Selbstverständlich sollte auch während des Spielens und Darstellens der Leiter die Spieler nicht kritisieren (wie z. B. »mach mal die Wand richtig . . . du ziehst hier falsch am Seil . . .), sondern im besten Falle im Sinne des Spiels und seines Fortgangs korrigieren (wie z. B. »und wo hast du jetzt die Tasse abgestellt?«). Außerdem berichtigen, meiner Erfahrung nach, die zuschauenden und mitspielenden Kinder sofort eine Szene, wenn z. B. beim Händewaschen die Seife plötzlich »verschwunden« ist.

Pantomime mit Kindern ist Spiel auf der Basis von Beobachtung und Wahrnehmung. Deshalb kann die Pantomime besonders die Wahrnehmungskraft der fünf Sinne, die Beobachtungsgabe und das Erinnerungsvermögen der Kinder schulen. Auf Kinder strömt unendlich viel ein. Sie werden geprägt durch alles, was sie sehen, hören, fühlen und erleben. Hier kann die Pantomime helfen, die Eindrücke zu ordnen, im Spiel wiederzuerleben und dadurch vielleicht etwas besser zu verkraften. Weiterhin kann die Pantomime dazu beitragen, das Bewußtsein, die Vorstellungskraft eines Kindes zu verstärken und zu bestärken. Gerade das Spiel mit unsichtbaren Gegenständen regt die Phantasie der Kinder an und trainiert sie.

Pantomimisches Spiel mit Kindern hilft also Einflüsse bewußter aufzunehmen und sich an sie zurückzuerinnern. Es schult und fördert dadurch die Konzentrationsfähigkeit, die Beobachtungsgabe, die Phantasie und die körperliche Ausdrucksfähigkeit der spielenden Kinder.

Selbstverständlich kann ein Spielleiter sämtliche Etüden und Übungen, die bisher angeführt wurden — von wenigen Ausnahmen abgesehen —, auf das kindliche Spiel umarbeiten. Im folgenden seien aber nun speziell kindgemäße Übungen beschrieben.

Alltags- und Geschehnisspiele

Alle Übungen und Spielaufgaben sind der Wirklichkeit entnommen. Es ist keineswegs nötig, die Szenen mit Gags aufzuwerten. Das einfache Geschehnis darzustellen ist für Kinder schwer genug.

Geschehnisspiele, die das Sehen fördern

Wir beobachten gemeinsam ein Flugzeug, einen Schmetterling, einen kranken Vogel.

Wir wandern durch einen dunklen Wald und sehen in der Ferne ein Licht.

Wir sind auf einen hohen Berg gestiegen und beschreiben uns nun die herrliche Aussicht.

Wir sehen einen Film und berichten uns darüber.

Wir springen über einen Bach.

Geschehnisspiele, die den Geruchssinn fördern

Wir pflücken Blumen und lassen uns gegenseitig daran riechen.

Wir gehen auf der Straße und bleiben nacheinander vor einer Bäckerei, vor einer Schusterei, vor einer Chemischen Reinigung stehen und schnuppern den Duft, der aus den Läden strömt.

Wir sind Babysitter und das kleine Brüderchen hat in die Hose gemacht.

Eine vornehme Dame geht vorbei. Wir riechen ihr tolles Parfüm.

Geschehnisspiele, die den Geschmackssinn fördern

Hierzu eignen sich alle »eßbaren« pantomimischen Gegenstände: Wir naschen aus der Zuckerdose.

Wir wollen wieder naschen, da hat der große Bruder Salz in die Zuckerdose getan.

Wir kaufen uns an der Würstchenbude ein Würstchen mit Senf.

Wir klauen Äpfel. Manche sind süß, manche sind sauer.

Wir kochen pantomimisch und lassen uns gegenseitig probieren.

Geschehnisspiele, die den Tastsinn fördern

Wir steigen mit nackten Füßen in kaltes und warmes Wasser.

Wir trinken heißen Tee und kalte Limonade.

Wir laufen und stolpern über einen Stuhl.

Wir frieren beim Schlittenfahren.

Wir schwitzen beim Holzhacken.

Geschehnisspiele, die den Hörsinn fördern

Wir sind in einer Höhle und lauschen auf das Schnarchen des Riesen.

Wir sind allein zu Hause und hören »Gespenster«.

Wir hören eine Maus.

Wir tanzen nach Musik, die nur wir hören.

In diesem Bereich können auch Geräuschplatten als Spielmotivation eingesetzt werden. Die Spieler identifizieren die Geräusche und spielen dazu gleichzeitig die erforderlichen Bewegungsabläufe.

Natürlich darf man die Übung dieser Geschehnisspiele nicht peinlich genau nach Hörsinn, Tastsinn usw. trennen, sondern sollte stets »gesamtheitlich« üben.

Wir liegen auf einer Waldwiese und lassen uns die Sonne auf die Haut brennen. Blinzelnd schauen wir in den Himmel, verfolgen die treibenden Wolken und hören dem Gezwitscher der Vögel zu. Plötzlich spüren wir ein leichtes Kitzeln am rechten Bein. Ein Marienkäfer! Wir lassen ihn auf der Hand krabbeln. Schließlich fliegt er weg. Eine Blume fesselt nun unsere Aufmerksamkeit. Wir atmen den Duft ein und zeigen uns gegenseitig die zarten Blütenblätter der Blume. Einer von uns hat in einer Kühltasche ein Eis mitgebracht. Wir kühlen unsere Hände an den Innenseiten der Tasche und lecken schließlich genüßlich das Eis . . .

Bewegung nach Musik

Wir stellen Tiere dar: Man erzählt den Kindern zuerst von den Tieren, zeigt Bilder und schildert ihre Bewegungsschwerpunkte. (Elefant: der schwere Kopf; Bär: der tapsige Gang usw.). Nun versucht man den Gang der Tiere nachzuahmen.

Dazu kann Musik sehr behilflich sein, außerdem fördert man dadurch das rhythmische Empfinden des Spielers.

Als Beispiele für geeignete Musik seien nur einige unter vielen genannt:

»Peter und der Wolf« von *Prokofieff*[15]. Hier kann mit den Kindern das gesamte musikalische Märchen pantomimisch nachgespielt werden. »Karneval der Tiere« von *Saint-Saëns*[15]. Die Kinder können hier die Riesenschildkröte, Aquarium usw. darstellen.

---

15 Die Musik von *Prokofieff* und *Saint-Saëns* wird von verschiedenen Firmen angeboten.

»Zirkustiere« und »Tiere in Wald und Feld«[16]. Diese Kompositionen betonen den Bewegungsschwerpunkt der vorgestellten Tiere. Nach dieser Musik läßt sich eine ganze Tierschau nachspielen.

Dieser Bewegungsschwerpunkt sollte hierbei aber nicht nur nachgeahmt, sondern sich ganz genau bewußtgemacht werden. Hierbei können — besonders im Spiel mit Kindern — auch einfache Zeichnungen helfen.

Bei einer Kuh ist z. B. der Bewegungsschwerpunkt der dicke Bauch, der oft sogar das Rückgrat durchbiegt. Wir stellen uns nun vor, daß unser Bauch ganz schwer wird, und laufen los. (Selbstverständlich auf zwei Beinen, eine Tierdarstellung sollte *nie* auf allen vieren gespielt werden!)

Bei einem Wolf sind die Bewegungsschwerpunkte die spitze Schnauze und der dreieckige Brustkorb. Wenn sich diese bewußtgemacht werden, so kann der vorwärtsdrängende ruhelose Lauf des Wolfes dargestellt werden.

Beim Elefanten sind der schwere Kopf und der schaukelnde Gang die Bewegungsschwerpunkte. Das Gefühl hierzu erreicht man am besten, wenn man sich mit der linken Hand an die Nase faßt, den rechten Arm nun als Rüssel durchstreckt und nun vorwärtsgebeugt lostrabt.

---

16 Die Musik »Zirkustiere« und »Tiere in Wald und Feld« ist erhältlich im Fidula-Verlag, Boppard/Rhein.

Zurückerinnern

Durch diese Übung werden die Spieler angehalten, sich ganz genau an die Gangart eines bestimmten Fernsehlieblings — ob dies nun Pinocchio oder Hoß Cartright ist — zu erinnern und diese Art nachzuahmen. Diese Übung fördert keineswegs kritikloses Nachahmen, sondern übt das genaue Beobachten.

Geschehnisspiele

Hierzu bieten sich alle Tätigkeiten des Alltags an:

Wir kaufen ein. (Natürlich sollte man dabei die Pantomime auf die Gegenstände beschränken, denn Kinder würden nicht einsehen, warum man beim Einkaufen plötzlich nicht mehr reden sollte!)

Wir essen Obst.

Wir nähen einen Knopf an unsere Hose.

Wir waschen die Hände.

Wir bauen einen Schneemann.

Wir machen eine Schneeballschlacht.

Wir klauen Äpfel (dazu müssen wir vorher über eine Mauer klettern).

Wir haben Geburtstag (Kuchen essen, Geschenke auspacken usw.).

Handlungsorte

Ein oder mehrere Kinder lassen die zuschauenden Mitspieler raten, wo sie sich eben befinden:

Krankenhaus — Fabrik — Postamt — Zeltlager — Gastwirtschaft — Badestrand — Rummelplatz usw.

Hochzeit der Trolle

Alle Kinder sind Bäume, Sträucher und Blumen. Wenn die Sonne untergegangen ist, erwachen die Trolle, die tagsüber Bäume und Blumen sind, zum Leben. Sie arbeiten im Wald, sie essen, trinken und tanzen. Ein Troll und eine Fee heiraten. Alles formiert sich zum großen Hochzeitszug.

Bevor das Spiel beginnt, besprechen Spielleiter und Kinder, wie denn eigentlich ein Troll aussieht und wie er sich bewegt. Natürlich gibt es dabei Unterschiede, denn ein 200jähriger Troll tanzt anders als ein 800jähriger Trollopa!

Auch diese Übung gewinnt, wenn sie mit Musik unterlegt ist. Als sehr motivierend erwies sich die »Peer-Gynt-Suite« von *Edvard Grieg*.

Eine Reise in das Mimoland

Unter Führung des Spielleiters begeben sich die Kinder auf eine Reise: Sie wandern über eine Wiese, baden in einem See und klettern dann auf einen hohen Berg. Vorher müssen wir uns natürlich anseilen!

Auf dem Berg liegt noch Schnee! Dann fliegen wir, weil wir zu faul zum Klettern sind, wieder hinunter, ruhen uns auf einer Waldlichtung aus und verzehren die mitgebrachten Sachen.

Die Kinder werden dabei durch die Erzählung des Spielleiters oder durch Geräusche (Vogelgezwitscher usw.) motiviert.

Besuch im Mimozirkus

Wir gehen in den Zirkus, kaufen eine Eintrittskarte und setzen uns. Nun kommt ein Seiltänzer (den der Spielleiter darstellt), dann aber ist für jedes Kind ein Seil gespannt. Ebenso spielen wir den stärksten Mann der Welt, den mutigen Löwenbändiger und den stolzen Zirkusreiter. Selbstverständlich können wir auch im Laufe der Zirkusvorführung selbst Löwe, Seehund oder Elefant werden . . .

Der mimische Kalender

Die Kinder erfinden zu jedem Monat eine neue Szene:

Januar: Schlittenfahren und Schneemann bauen — Februar: Fasching — März: Die ersten Blumen — April: Ostereiersuchen und Aprilwetter — Mai: Maikäfer fangen — Juni: Heuernte — Juli: Badefreuden — August: Urlaub — September: Ernte — Oktober: Die Blätter fallen — November: Nebel und schlechtes Wetter — Dezember: Weihnachten.

Modenschau

An einer Wandtafel malen und entwerfen die Spieler Kleider, lösen sie vorsichtig von der Tafel ab und ziehen sie an. Jedes Kind führt seine pantomimischen Kleider vor.

Pantomimische Körperübungen

Auch auf dem turnerischen Gebiet kann die Pantomime für die Entwicklung des Kindes förderlich sein, da sie keine Turnübungen fordert, sondern spielerisch kreativ bleibt.

Wir sind Katzen — auf der Lauer, wir spielen mit einem Knäuel, wir schlafen wie Katzen, wir dehnen und strecken uns, wir putzen uns.
Wir sind Affen — wir hüpfen und klettern.
Wir bewegen uns vorwärts wie Schlangen, wie Raupen oder Würmer.
Wir sind Riesen oder Zwerge.
Wir sind Hampelmänner oder Nußknacker, Teddybären oder Zinnsoldaten.
Wir fliegen wie ein Spatz, wie ein Adler, wie ein Huhn.
Wir sind Schneemänner, die in der Sonne langsam schmelzen.
Wir sind Papiermännchen, die vom Spielleiter leicht umgepustet werden.

III. Teil

Übungen zur besseren Kommunikation in einer spielenden Gruppe

Kommunikation ist für viele heute ein Modewort. Die wörtliche Bedeutung regt zum Nachdenken an: »gemeinsam tun, teilen, sich besprechen«. Zusammenarbeit (Kooperation) ist bei einigem guten Willen überall und immer möglich. Man muß den Partner nicht unbedingt kennen oder gar schätzen. Die Sache, an der man arbeitet — sei es am Arbeitsplatz oder in der Schule — verbindet.

Die spielende Gruppe verlangt mehr als Zusammenarbeit. Hier sind die Teilnehmer ja wegen des gemeinsamen Tuns, des sich gemeinsam Besprechens zusammengekommen. Hier, in der Gruppe, muß Kommunikation geübt und ausgeübt werden. Sie entsteht nur durch die Begegnung mit anderen Personen, durch das Gefühl gegenseitigen Verstehens und durch den Eindruck, den die gegenseitige Aufgeschlossenheit und der Versuch einer Verständigung hinterlassen. Kurz, durch das bewußte Überschreiten unserer Einsamkeit.

Gerade in einer Gruppe, die Theater spielt — ob nun eine Aufführung geplant ist oder nicht, ist nebensächlich —, müssen Kommunikationsübungen ihren festen Platz haben.

Auch in Gruppen und Klassen, die sich ein anderes Ziel als Theaterspielen gesetzt haben, sollten immer wieder Kommunikationsübungen angeboten werden, schon gerade deshalb, um die Gruppe nicht allzu »kopflastig« werden zu lassen. Über Kommunikation kann man stundenlang reden, nichts aber ersetzt das gemeinsame Tun!

Übungen, die die Partnerschaft trainieren

Die nun folgenden Übungen werden paarweise ausgeführt und dienen dazu, das gegenseitige Verständnis und Vertrauen zwischen zwei Spielern zu trainieren. Es ist ratsam, diese Übungen mit ständig wechselnden Partnern auszuführen.

Sich fallen lassen

Zwei Spieler stehen hintereinander. Der vordere passive Partner schließt nun die Augen, breitet die Arme aus und läßt sich steif nach hinten fallen. Der Partner hinter ihm wird ihn auffangen. Der fangende Spieler ist im Augenblick der Übung nur für seinen Partner da, er achtet, daß er nicht rutschen kann, daß kein Stuhl in der Nähe steht usw. Er schätzt auch seine Kräfte richtig ein und sucht sich einen Partner, den er dann auch halten kann. Den Spielern wird so die Verantwortung bewußt, die jemand auf sich nimmt, wenn der andere ihm Vertrauen schenken soll. Der passive fallende Partner lernt bei dieser Übung, daß er sich auf andere absolut verlassen kann. Vertrauen in einen Partner ist keine Frage des Glücks oder des Schicksals, sondern kann erlernt werden.

Blind führen

Man wählt sich einen Partner oder wird gewählt. Einer der beiden schließt nun die Augen und wird vom anderen durch den Raum geführt. Dabei berührt man sich nur mit dem Mittelfinger einer Hand. Der Führende muß nun für den anderen mitdenken, ja vorausdenken. Der Geführte erlebt, daß sein Vertrauen in den anderen nicht enttäuscht wird. Bei dieser Übung sollte nicht gesprochen werden.

Blinder Spaziergang

Die Gruppe teilt sich in Dreiergruppen und unternimmt einen Spaziergang. Der mittlere Partner schließt für die ganze Zeit die Augen. Die beiden sehenden Spieler erzählen nun dem Blinden, was sie sehen, lassen ihn die Rinde der Bäume befühlen oder die rauhe Oberfläche von Steinen. Er kann sich sicher fühlen, denn die beiden Partner achten auf seinen Weg. Der Spaziergang sollte mindestens 15 Minuten dauern.

Erfühlen der Absicht

Ein Spieler denkt sich einen Punkt im Raum aus, zu dem er gelangen will, und eine bestimmte Art, wie er dorthin gelangen will (z. B. gehen, auf allen vieren, rollen usw.). Sein Partner muß nun versuchen, zu erfühlen, wohin der Spieler will, indem er ihn bewegt. Ist die Bewegung im Sinne des Gewünschten, so wird er mitmachen. Ist es gegen seinen Plan, so bleibt er steif und läßt sich nicht bewegen. Der bewegende Partner wird also in ganz kleinen Abschnitten — im wörtlichen Sinn — erfühlen, wohin sein Partner will.

Je jünger die Teilnehmer sind, desto genauer muß die Spielregel sein, z. B. daß man unterwegs die ursprüngliche Richtung nicht ändern darf, nur um es dem Partner schwerer zu machen. Man muß den Teilnehmern klarmachen, daß dies kein Wettkampf ist, sondern ein Einüben von Einfühlungsvermögen. Es sollte darauf geachtet werden, daß es während der Übung im Raum still ist. Die Spieler, die bereits fertig sind, setzen sich leise an den Rand des Raumes und warten, bis alle die Übung beendet haben.

Die Spieler erfahren bei dieser Übung, wie schwer es ist, sich in einen anderen hineinzudenken.

Augenkontakt über einen Gegenstand

Ein Spieler übergibt einen Gegenstand — Kissen, Stab usw. — an seinen Partner, indem er diese Übergabe spielerisch ausfüllt. Er übergibt ihn z. B. so, wie ein Gönner ein Geschenk reicht, oder mit einer ängstlichen Demutshaltung ... Während der Übergabe haben die beiden Partner Augenkontakt aufgenommen. Der Empfänger des Gegenstandes reagiert nun mit einer zugehörigen oder entgegengesetzten Haltung.

Zwei Spieler halten gleichzeitig einen Gegenstand. Sie haben Augenkontakt und fühlen nun über den Gegenstand, ob ihn der Partner alleine haben will, ob der Partner ihn aufdrängt oder ob ihm der Gegenstand gleichgültig ist.

Bewegungsdiktat (nach *Peter Brook*)

Ein Spieler macht eine Bewegung und beobachtet sich dabei ganz genau. Der Partner sieht ihm dabei zu. Nun schildert der Spieler seinem Partner nochmals den Bewegungsablauf und leitet ihn nun an, dieselbe Bewegung nachzuahmen.

Die beiden Partner stehen Rücken an Rücken. Einer diktiert nun dem anderen einen Bewegungsablauf, den er sich vorher selbst bewußtgemacht hat. Er vergleicht dann die Endhaltung seines Partners mit der seinen.

Die beiden Spieler stehen hintereinander. Der hintere beobachtet seinen Partner bei einem Bewegungsablauf und wiederholt ihn.

Ein Spieler beginnt mit einer kurzen Bewegung und hält dann inne. Sein Partner ahmt diese Bewegung nach und führt sie nun um eine Phase weiter. Nun holt der erste Spieler wieder auf und führt die Bewegung etwas weiter. So entsteht ein Bewegungsablauf, der von zwei Partnern im gegenseitigen Einvernehmen und mit Konzentration gestaltet wurde.

Sich im Gleichgewicht halten

Die beiden Partner stehen sich gegenüber in Hockstellung. Dabei halten sie sich an den ausgestreckten Händen. Nun gehen beide mit geschlossenen Augen auf die Zehenspitzen.

Die Übung kann dadurch noch erschwert werden, daß beide mit dem Oberkörper kreisende Bewegungen machen.

Die Spieler stehen Rücken an Rücken. Nun gibt einer sein Gewicht an den anderen ab; damit muß ihn sein Partner im Gleichgewicht halten. Ohne die Hände zu benützen, läßt ihn dieser zu Boden gleiten, indem er ihn mit seinem Körper abstützt.

Der aktive Partner geht »auf allen vieren«. Der Rücken ist dabei wie ein Katzenbuckel gespannt. Nun legt sich der passive, indem er langsam sein Gewicht abgibt, mit dem Rücken auf den Partner. Dieser wiegt ihn nun sacht hin und her. Bei dieser Übung sollte nicht gesprochen werden. Es sollte besonders darauf geachtet werden, daß auch der Kopf und der Nacken des passiven Partners entspannt sind. Diese Übung kann auch variiert werden, indem der aktive Partner in der Art des »Bocks« (beim Bockspringen) — die Hände auf den Knien abgestützt — steht und nun den Partner übernimmt, der nach hinten mit geschlossenen Augen sein Gewicht abgibt.

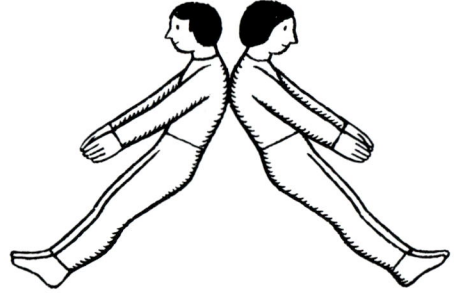

Die beiden Partner sitzen sich mit geradem Rücken und gegrätschten Beinen — die sich in Höhe der Knie überkreuzen — gegenüber. Der Abstand wird durch die ausgestreckten rechten Arme bestimmt — die Hände halten sich. Nun läßt sich der eine Spieler, indem er sich an der Hand des Partners festhält, entspannt nach hinten gleiten — Kopf und Nacken sind locker —, bis er zum Liegen kommt. Er wird nun vom Partner wieder hochgezogen bis zur Mitte und übernimmt nun das Gewicht seines Mitspielers und wird damit aktiv.

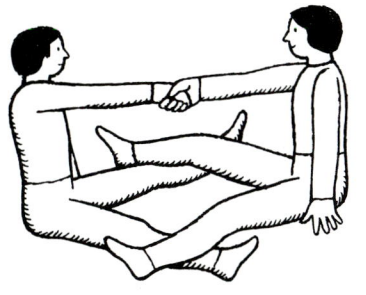 

Augenkontakt

Die Spieler sitzen sich in zwei Reihen gegenüber. Nun schließen die Teilnehmer ohne auffälliges Blinzeln Kontakt mit den Augen, stehen auf und begrüßen sich. Diese Übung trainiert — besonders bei jüngeren Spielern — sehr intensiv den Partnerkontakt, da jeder Teilnehmer stets Aufforderer und zugleich Aufgeforderter ist.

Spiegelbild

Zwei Partner stehen sich im Abstand von etwa zwei Metern gegenüber und nehmen Augenkontakt auf. Der eine ist nun des anderen Spiegel: Spieler A macht eine Bewegung, die Spieler B spiegelgleich gleichzeitig mitvollzieht. Es ist Zweck der Übung, daß eine Bewegung nicht nachgeahmt wird, sondern gleichzeitig geschieht. Um dies zu erreichen, darf Spieler A keine plötzlichen, sondern nur fließende Bewegungen unternehmen. Vor allem aber sollte Spieler B nicht auf die Bewegungen achten, sondern im Augenkontakt bleiben; nur so kann er alle Bewegungen mitvollziehen. An dieser Stelle soll nochmals an den Aufsatz »Über das Marionettentheater« von *Kleist* erinnert werden: ». . . Aug in Auge, als ob er meine Seele darin lesen könnte, stand er da . . .«

Es ist günstig, diese Übung — wie alle Kommunikationsspiele, die ohne Worte auskommen — mit einer ruhigen Musik zu unterlegen.

Blondel

Von Blondel, dem Knappen des Richard Löwenherz, wird berichtet, daß er, seinen gefangenen Herrn suchend, von Burg zu Burg zog und jeweils eine Strophe eines Liedes sang. Vor der Festung Dürnstein wurde seine Treue belohnt: Richard Löwenherz antwortete aus dem Kerker mit der zweiten Strophe des Liedes. Diese Geschichte gab unserer Übung den Namen.

Die Spieler gehen paarweise zusammen und vereinbaren jeweils einen Ton oder eine Wortsilbe als Erkennungszeichen. Nun laufen alle durcheinander, das Licht wird gelöscht, und nun versuchen sich die Partner mit ihrem Erkennungston wiederzufinden.

Je leiser jeder Spieler seinen »Peilton« von sich gibt, um so besser hört man den Ton des Partners aus dem allgemeinen Stimmengewirr heraus.

Sich öffnen lassen

Der passive Partner legt oder hockt sich auf den Boden und verschließt sich von der Außenwelt, indem er sich körperlich abkapselt. Der aktive Partner versucht nun den Mitspieler durch Streicheln und leichte Massage zu entkrampfen und innerhalb der Übung die Schwerpunkte der bewußten Abkapselung zu finden. Selbstverständlich darf er hierbei weder Gewalt noch Blödelei anwenden! Am Ende der Übung liegt der passive Partner entspannt am Boden.

Übungen, die die Partnerschaft innerhalb einer Gruppe trainieren

Die nun folgenden Übungen werden in der Gruppe ausgeführt. Es gibt also während des Spieles keine festen Partner.

Wörtlich nehmen

Die Spieler tanzen und hüpfen nach einer beliebigen Musik im Raum und nehmen die vom Spielleiter ausgerufenen Redensarten mit dem nächststehenden Partner wörtlich.

Redensarten: Jemanden an der Nase herumführen — etwas auf die leichte Schulter nehmen — jemanden auf Händen tragen — etwas an den Haaren herbeiziehen — jemandem die Zähne zeigen — sich festbeißen — jemanden übers Ohr hauen — jemanden aufs Kreuz legen — mit jemandem Rücksprache halten — jemanden mit offenen Armen aufnehmen — von Mund zu Mund gehen — den Finger auf eine schwache Stelle legen usw.

Beispiel: . . . »Jemanden an der Nase herumführen« . . . Jeder Spieler nimmt den Nächststehenden an der Nase und führt ihn nun durch den Raum oder wird selbst geführt.

Diese Übung, die man auch als »Aufwärmübung« am Beginn einer Tagung oder einer Gruppenstunde benützen kann, schafft sehr schnell körperlichen Kontakt. Vor allem macht es Spaß, eine Redensart einmal wörtlich an einem — selbst fremden — Partner auszuprobieren.

Nach kurzer Zeit ruft der Spielleiter eine weitere Redensart, z. B. »sich in etwas festbeißen«. Unter großem Gelächter »beißen« sich die Spieler nun an einem Mitspieler fest und tanzen mit ihm weiter . . .

Anti-Leithammel-Übungen

Diese Übung ist sehr gut geeignet, um »befehlsgewohnten« Spielern, wie Gruppenleitern, Lehrern, Pfarrer usw. — natürlich aber auch allen andern Gruppenmitgliedern — das Gefühl zu geben, sich als gleichberechtigten Teil einer Gruppe zu betrachten.

Auf Zuruf des Spielleiters müssen sich alle ganz schnell in einer Diagonale im Raum aufstellen oder — je nach Aufgabe — mehrere Dreiecke, Vierecke oder andere geometrische Figuren bilden.

Es stellen sich also zum Beispiel jeweils 8 Spieler der insgesamt 24 Teilnehmer (die Zahlen sind beliebig gewählt!) gemeinsam in Dreiecksform auf, wobei nur der Blickkontakt entscheidet, wer wo steht.

Ebenso stellen sich alle Spieler auf den Zuruf »Diagonale« in *einer* Diagonale im Raum auf, wobei in stummer Übereinkunft mit den andern jeder einen Platz sucht und sich dabei nach den andern Spielern richtet. Dabei darf weder gesprochen noch gedeutet werden. Einer muß auf den andern achten und dem »Schnelleren« nachgeben und nicht meinen, seine Meinung zu einer Diagonale sei die ausschlaggebende!

Auf Zuruf stellen sich alle Spieler im Kreis auf, so daß jeder in die gleiche Kreisrichtung schaut — also entweder im Uhrzeigersinn oder gegen ihn. Man sieht also jeweils den Hinterkopf des Vordermannes. Durch eine leichte Kopfdrehung zur Kreismitte nimmt man nun Blickkontakt mit einem Partner auf, der diagonal im Kreis gegenübersteht, ohne dabei den Vordermann aus den Augen zu verlieren. Jeder Spieler beobachtet nun den Vordermann und seinen Diagonalpartner. Man wartet jetzt, bis irgendein Teilnehmer im Kreis sich in Bewegung setzt und damit auch den Kreis »laufen macht«. Da jeder durch die Spielaufgabe bestrebt sein sollte, nicht selbst den ersten Schritt zu tun, wird er die Bewegung der Partner beobachten, deren zögernde Bewegungen aufnehmen und selbst weitergeben. Irgendwann wird der Kreis sich in Bewegung setzen, wird schneller und langsamer werden und irgendwann wieder zum Stillstand kommen. Man sollte für diese Übung Geduld und Ruhe aufbringen!

Mitsing-Ton

Alle Spieler sitzen im Kreis mit geschlossenen Augen. Über Tonband hören sie einem leisen Dauerton zu (der Ton a hat sich hierbei am besten bewährt), summen mit und versuchen über und unter dem Ton stimmige Töne zu treffen.

Freies Spiel mit Materialien

Zu diesen Übungen sollte stets eine Musik unterlegt werden, nach deren Rhythmus sich die Spieler bewegen. Außerdem muß den Spielern stets bewußt sein, daß nicht der Gegenstand, das Material, sondern der Mitspieler der Mittelpunkt der Übung sein sollte.

Luftballons

Luftballons nur am Boden oder in der Luft bewegen.

Ballons nur mit Körperecken (Ellbogen, Knie usw.) oder nur mit Körperflächen (Brustkorb, Becken, Rücken usw.) bewegen.

Ballons im rhythmischen Wechsel — Zeitlupe, hektische Bewegung — oder im Wechsel der Bewegung — langsam ziehende oder stoßende — weitergeben.

Pantomimisch dargestellte Ballons weitergeben.

Plastikfolien

(Diese Folien sind in Geschäften für Malerbedarf als Abdeckfolien preiswert zu kaufen.)

Die Teilnehmer entfalten langsam die Folie und breiten sie auf dem Boden aus.

Die Spieler bewegen sich kriechend unter der Folie.

Die Folie wird von den Spielern wie ein Sprungtuch gehalten und in Wellenbewegungen versetzt. Etliche Teilnehmer »schwimmen« unter der Folie.

Die Spieler lassen die Folie hochfliegen und laufen unter der niederschwebenden Plane zusammen.

Die Gruppe umhüllt sich mit der Folie und windet sich wieder heraus.

Stäbe

Die Spieler stehen im Kreis, das Gesicht und die Brust zur Kreismitte gewendet. Jeder hat einen Stab (Turnstäbe wären ideal, man kann die Übung aber auch mit Besenstielen spielen) und wirft ihn nun mit einer kleinen Körperdrehung dem zur Linken Stehenden zu. Mit einer schnellen Drehung des Oberkörpers wendet man sich nun nach rechts und fängt den Stab auf, der einem zugeworfen wurde.

Für alle Stabübungen gilt, daß die Stäbe nur senkrecht geworfen werden. Man muß durch Übung ein Gefühl dafür bekommen, wie man möglichst ruhig einen Stab werfen kann. Dabei ist zu beachten, daß nicht der Arm oder die Hand allein den Stab wirft, sondern der ganze Körper, der sich in Wurfrichtung spannt, am Ende dieser Spannung öffnet sich die Hand und gibt den Stab frei.

Alle Spieler werfen und fangen also in dieser Übung gleichzeitig. Dadurch entsteht eine gemeinsame konzentrierte Bewegung im Kreis.

Die Spieler werfen sich die Stäbe diagonal im Kreis zu und achten dabei auf die »Kreuzungen«. Vorher müssen die jeweiligen Partner durch Zuruf oder durch Blickkontakt miteinander in Kontakt treten.

Man wirft sich die Stäbe im Rhythmus eines Liedes zu, das alle Spieler gemeinsam singen.

Jeder Spieler hat zwei Stäbe und wirft sie einem Partner zu, fängt aber gleichzeitig die ihm zugeworfenen Stäbe.

Man hält die Stäbe in Bauchhöhe und »schwimmt« in den Stäben.

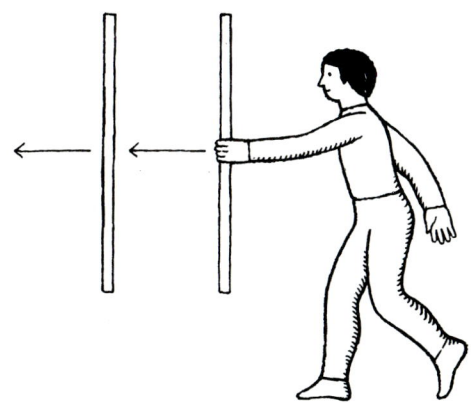

Stabkette: Die Spieler wechseln ständig den Wurfpartner, jeder Teilnehmer muß aber stets mit einem Stab in Berührung sein.

Jeder Spieler balanciert einen Stab und gibt ihn in der Balance weiter.

Zwei Stäbe verbinden jeweils zwei Partner. Dabei dürfen die Stäbe aber nicht mit den Händen gehalten werden.

Jeder Spieler improvisiert mit seinem Stab und läßt ihn »Fernrohr, Säbel usw.« werden und gibt ihn in dieser Funktion weiter.

Seile und Gummibänder

Zwei oder drei Partner spielen frei mit einer Schnur und probieren aus, welche Bewegungen sie unternehmen können, ohne die Schnur loszulassen.

Mehrere Spieler bilden durch Spannen eines großen Gummirings verschieden-artige geometrische Figuren. Diese Übung ist besonders partnerintensiv, da die Gummischnur bei Unachtsamkeit zurückschnalzt.

Die Spieler bilden mit ihren Gummischnüren ein Netz oder eine Gasse. Darin bewegen sich andere Spieler.

Steine

Mehrere Spieler bilden nach ausgiebigem Betasten eines Steines seine Form nach.

Dieser Stein erwacht zum Leben.

Dieser Stein kann von anderen Spielern fortbewegt werden.

Der Stein rollt von selbst und zerplatzt schließlich.

Bäume und Sträucher

Aus visuellen Erfahrungen bilden mehrere Spieler einen Baum oder Ast nach.

Dieser Baum erwacht zum Leben oder erstarrt.

Reifen

Die Spieler werfen oder rollen sich Reifen zu, so daß der Partner sie sicher fangen kann.

Die Spieler versuchen die Rundung des Reifens mit ihrem Körper oder mit Körperteilen nachzuahmen.

Die Teilnehmer bauen aus den Reifen ein luftiges Gebäude und sind selbst ein Teil dieses »Hauses«.

Stühle

Wie viele Spieler passen auf einen (massiven) Stuhl, ohne daß ein Körperteil den Boden berührt?

Die Spieler laufen im Raum umher, in dem wahllos Stühle verteilt sind. Bei jedem achten Schritt versuchen sie einen Stuhl zu berühren oder zu besteigen.

Jeweils zwei Spieler werfen sich einen Stuhl zu, so daß der Partner ihn mühelos fangen kann.

Jeder trägt einen Stuhl und erfindet immer neue Arten des Stuhltragens. Bei einem bestimmten Zeichen legen sich die Spieler mit dem Stuhl auf den Boden.

In einem verdunkelten Raum stehen Stühle verteilt; man ertastet sich einen Weg durch das Labyrinth und hilft sich dabei gegenseitig.

Bewegungen im Kreis

Die Gruppe steht im Kreis. Ein Spieler erfindet eine Bewegung, ein anderer ahmt sie nach und fügt eine weitere hinzu. Auch diese Bewegung wird von allen nachgeahmt, und ein weiterer Spieler fügt eine Bewegung hinzu. Dann werden die Bewegungen wieder bis zum Stillstand reduziert.

Kreis-Kanon

Die im Kreis sitzenden Spieler werden in kleinere Gruppen aufgeteilt. Ein »Dirigent« gibt nun jeder Gruppe eine Taktierung vor — z.B. ta-ta-ta oder diiri-pipp. Man singt und spricht diese nun im Kanon nach Anweisungen des Dirigenten.

Magnet

Die Spieler sitzen oder liegen im Raum verteilt. Einer ist nun ein Magnet und sammelt die anderen, so wie sie gerade liegen, ein. Man kann diese Übung auch mit »Ton« veranstalten und einen Staubsauger spielen.

Amöbe

Eine Amöbe ist ein einzelliges Lebewesen, das seine Form verändern kann. Jede Amöbe scheut das Licht: Drei bis vier Spieler bilden nun eine Amöbe und werden von einem Spieler, der einen Scheinwerfer bedient, »gejagt«, ohne daß ein Teil der Amöbe sich ablöst.

Vulkan

Die Gruppe bildet gemeinsam einen Vulkankegel. Langsam beginnt es nun im Innern dieses Vulkans zu rumoren. Die Spieler steigern das Summen, bis der Vulkan mit einem Schrei auseinanderplatzt.

Ritualobjekt

Ein Gegenstand, z. B. ein Kissen, wird zu einem verehrungswürdigen Ritualobjekt ernannt, das jeder Teilnehmer berühren will; es wird von Spieler zu Spieler weitergegeben und dabei »verehrt«, die Teilnehmer balgen sich um das Objekt.

Der Affenfelsen

Die Übung entstand auf einer Tournee mit meinem Ensemble. Nach einigen Tagen war der »Wurm« in der Gemeinschaft. In der Nähe der Wiese, auf der wir unsere Gymnastik absolvierten, war ein steiler Hang. Wir spielten »Affen« (eine sehr gute Lockerungsübung!), und alle sollten sich bei dem Ruf »der Tiger kommt« auf den Platz oberhalb des Hanges »retten«. Jeder stürzte los und keiner achtete auf den andern. Ich ließ die Übung wiederholen. Vorher erzählte ich, daß die echten Affen den schwächeren Mitgliedern ihrer Gruppe helfen und somit den Rückzug absichern würden. Nun klappte es und jeder half jedem. Seitdem steht die Übung auf unserem Trainingsprogramm!

Selbstverständlich kann man diese Übung auch in geschlossenen Räumen ausführen: Man kann mit Stühlen und anderen Hindernissen den Hang jederzeit ersetzen. Vor allem jüngere Spieler sind vom Affenfelsen begeistert und lernen dabei Gemeinschaft.

IV. Teil

Übungen zur Verbesserung der Sensibilität

Sicherlich dienen alle bisher beschriebenen Übungen dazu, den Spieler sensibler, d. h. empfindsamer für seine Umwelt und für seinen Partner zu machen. Man sollte aber außerdem in einer spielenden Gruppe noch Übungen anbieten, die die geistige Entspannung und die spielerische Phantasie fördern. Es ist in einer Zeit, in der wir von einer Überfülle an Reizen überflutet werden, nicht nur im darstellenden Spiel, sondern in allen Lebensbereichen wichtig, sich »zu sammeln«, einen Punkt der Ruhe in sich zu finden. Dies auf spielerische Weise zu tun ist sicherlich zuträglicher als auf den Befehl« jetzt konzentrier dich aber mal«.

Übungen zur geistigen Entspannung

Entspannungsrütteln (nach *Frau Katja Delakowa*)

Die Spieler verteilen sich paarweise im Raum. Der passive Partner legt sich auf den Boden und entspannt. Er hat die Augen geschlossen. Der aktive Partner kniet sich neben ihn und beginnt nun, den rechten Arm des Liegenden am Zeigefinger hochzuheben und fallenzulassen. Er rüttelt dann am Mittelfinger usw. Sollte er bemerken, daß der liegende Partner selbst seinen Arm hebt, hält er inne. Nach dem Rütteln des linken Armes hebt der aktive Partner ganz langsam und sanft den Kopf des Liegenden an und läßt ihn wieder langsam zu Boden gleiten. Dies wird etliche Male wiederholt.

Während der Übung soll nicht gesprochen werden.

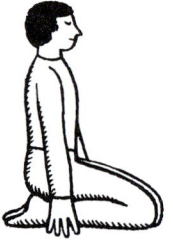

Konzentrationsei

Die Teilnehmer knien am Boden und bewegen ihren Oberkörper kreisförmig, um ihn zu lockern. Dann hocken sie sich auf die Fersen und schließen die Augen. Der Oberkörper ist aufrecht, die Wirbelsäule wird als ein Stab empfunden, auf dessen Spitze der Kopf balanciert wird. Nun läßt man den Oberkörper langsam nach vorne sinken, bis die Stirn den Boden berührt. Man atmet tief und spürt die Bewegung des Atmens auf den Oberschenkeln. Dann richtet man sich auf zum Stand und öffnet nach einiger Zeit die Augen. Diese Übung hat etwa den Effekt eines Yoga-Kopfstandes, da während der Phase, in der die Stirn auf dem Boden ruht, das Blut zu Kopfe steigt.

Sonnengebet (nach nca)[17]

Alle Teilnehmer liegen entspannt auf dem Boden. Die Arme sind im rechten Winkel vom Körper weggestreckt, die Handflächen zeigen zur Decke, die Augen sind geschlossen.

Nun werden die Arme vom Boden abgehoben, und endlich langsam schweben sie nach oben. Nicht der Ruhende tut etwas, sondern er bringt den Körper in eine Lage und es geschieht etwas.

Wenn sich die Hände berührt haben, schweben die Arme wieder nach unten. Es kann sein, daß bei dieser Übung Arme und Schultern zu zittern beginnen. Dies ist aber ein Zeichen der Entspannung. Die Dauer der Übung sollte zwanzig Minuten nicht unterschreiten. Eine ruhige Musik ist der Übung zuträglich.

Rückenklopfen (nach nca)

Man steht in Dreiergruppen. Der Mittlere läßt den Oberkörper entspannt nach vorne sinken. Kopf und Nacken müssen locker sein. Nun beginnen die beiden Partner leicht den Rücken und die Nackenpartie zu klopfen. Sie ändern den Rhythmus, werden schneller und verlangsamen, klopfen intensiver und leichter. Schließlich lassen sie die Hände auf dem Rücken ruhen und richten den Partner wieder auf, der während der Übung die Augen geschlossen hält. Die Teilnehmer sollten sich bewußt sein, daß man hiermit dem Partner ein sehr schönes entspannendes Gefühl verschafft und daß in dieser Übung kein Platz für Blödeleien oder Experimente ist.

---

17 nca-Materialien.

Händezirkel

Die Spieler liegen auf dem Rücken im Kreis, die Köpfe nach innen, so daß sich die Schultern berühren. Sie strecken die Arme zur Decke. Nun schließen alle die Augen und lassen die Arme nach hinten, in das Zentrum des Kreises sinken. Trifft man dabei auf andere Hände, so werden diese gestreichelt und »erkundet«. Dies sollte etwa zehn Minuten dauern. Dann hält man auf Anweisung des Spielleiters eine oder mehrere Hände fest und dreht sich auf den Bauch. Nun besieht man sich den Partner, den man sich »eingefangen« hat.

Übungen zur spielerischen Phantasie

Zu diesem Übungs- und Spielbereich können alle Aufgaben gezählt werden, die das Training der fünf Sinne fördern, wie es im Kapitel »Pantomimisches Spiel mit Kindern« beschrieben wurde. Selbstverständlich sind derartige Übungen auch Jugendlichen und Erwachsenen nützlich.

Was aber für viele Kinder noch selbstverständlich und natürlich ist, haben viele Erwachsene schon längst verlernt: das Träumen. Allzuoft haben wir von Erziehern und Vorgesetzten den Satz gehört: »Träume doch nicht!«

Der Sinn der nun folgenden Traumübungen ist es, sich einfach einmal Zeit zu nehmen — ohne schlechtes Gewissen wegen der »verlorenen« Zeit — und zu träumen; vielleicht anfangs noch nach den Anregungen dieses Kapitels, später hoffentlich mit eigenen Träumen.

Die Träumer sollten sich irgendwo bequem im Raum niederlassen, der ruhigen Musik lauschen und sich »fallen lassen«. Der Spielleiter führt sie dann auf eine »Traumwanderung«.

Reise ins Theater

»... Wir befinden uns in einer fremden Stadt. Wir betreten einen großen Platz, an dessen Stirnseite ein herrliches Gebäude steht. Es ist ein Theater. Die letzte Vorstellung ist schon vorüber, es ist dunkel und wir betrachten den Sternenhimmel über uns. Da tritt ein Mann auf uns zu. Er ist seltsam gekleidet und er winkt uns, mit ihm zu kommen. Er führt uns hinein ins Theater, an vielen Türen vorbei und bleibt schließlich vor einem Tor stehen. Wir öffnen die schwere Tür und befinden uns im Fundus, dem Raum, in dem die Kostüme des Theaters aufbewahrt werden. Unzählige Kostüme hängen in langen Reihen, Kostüme aus allen Jahrhunderten und Epochen ... Such dir ein Kostüm aus und betrachte dich in dem großen Spiegel mit dem goldenen Barockrahmen dort hinten im Eck ... Wenn dir ein Kostüm nicht gefällt, tausche es durch ein anderes ... Dann kommt der Mann wieder zu uns und winkt uns weiterzugehen. Er führt uns in einen Raum, in dem viele Musikinstrumente lagern, bekannte und solche, die du noch nie gesehen hast. Probiere sie aus und höre auf ihre eigenartigen Töne ... Suche dir ein Instrument heraus, das dir am besten gefällt, spiele darauf, du kannst es ... Und wieder führt uns der Mann weiter in einen Raum, in dem die Kulissen des Theaters lagern: Herrliche Landschaften, auf Leinwand gemalt — von der Waldlichtung bis zur Gebirgslandschaft, vom einsamen Strand bis zur Großstadtstraße. Diese Kulissen sind wunderlich, denn man kann in sie hineingehen ... Suche dir deine Landschaft aus und geh hinein ... Spaziere darin umher oder ruhe dich aus ... und wir treffen viele Leute, alte Bekannte, sonderlich kostümiert ... Und da ist der Mann wieder und führt uns auf die Straße zurück, aber er bedeutet uns, daß wir jederzeit wiederkommen können — immer wenn uns nach Träumen zumute ist ...

Auf dem Dachboden

Du befindest dich in einem alten Haus und steigst auf den Dachboden hinauf ... Knarrend öffnet sich die Tür und du siehst dich um ... Dieser Dachboden ist dir seltsam vertraut, du kennst ihn von deiner Kinderzeit her ... Nachdem sich deine Augen an das Halbdunkel gewöhnt haben, erkennst du eine Kiste. Öffne sie und du wirst darin das Spielzeug deiner Kinderzeit finden ... Spiele damit ... Da hängt auch noch eine alte Schaukel ... Schau dich weiter um ... Unter alten Büchern — es sind deine Schulbücher — findest du ein Fotoalbum ... Betrachte die Bilder, sie stellen Szenen und Episoden deiner Kinderzeit dar ... Du siehst Leute, die du schon vergessen hattest ... alte Klassenfotos ... Dann verlassen wir den Dachboden wieder, aber schließe fest ab ...

Auf einer Entdeckungsreise

Ein Ruderboot hat uns auf die andere Seite des Stromes gebracht ... Du gehst allein weiter durch den fast undurchdringlichen Urwald ... du triffst auf seltsame Tiere und Pflanzen ... da hörst du von ferne Klänge einer seltsamen Musik ... es sind Eingeborene in ihrem Dorf ... du gehst auf den Dorfplatz und begrüßt sie ... sie tanzen für dich ... und sie schenken dir seltsame Dinge ... die Eingeborenen laden dich zum Essen ein ... iß und trink mit ihnen ... du probierst selbst auf ihren Musikinstrumenten zu spielen und du tanzt ihre Tänze ...

Zirkus

Du wanderst allein auf einem Waldweg. Setz dich auf einen Baumstumpf und schau hinauf in den strahlend blauen Himmel, fühle die Wärme der Sonne auf deiner Haut ... da kommt ein Wagen, den ein Pferd zieht, auf dich zu. Der Wagen hält und du öffnest die Augen. Es ist ein Zirkuswagen ... Die Leute auf dem Wagen grüßen dich freundlich und laden dich ein, mit ihnen zu fahren ... sie bieten dir zu essen und zu trinken an ... Nun seid ihr in einem kleinen Dorf angekommen, hier werden die Zirkusleute heute abend eine Vorstellung geben. Du gehst durchs Dorf, überall begegnen dir freundliche Gesichter ... schau dir die alten Häuser an, die Blumen an den Fenstern, die wunderbar verzierten Dachgiebel ... Inzwischen haben die Leute vom Zirkus das Zelt aufgebaut, die Zuschauer strömen schon in das Zirkusrund. Da tritt die Seiltänzerin zu dir und sagt: »Beeil dich, zieh das Trikot an, du mußt heute mit mir auf das Seil.« Uns sie gibt dir aus einem Becher Wein zu trinken und sagt: »Jetzt gehörst du zu uns...« Und du gehst mit ihr hinaus in die Manege, steigst auf das Seil und zeigst die herrlichsten Kunststücke... Der Beifall rauscht auf, du verneigst dich... Da wartet schon der Zauberer auf dich und flüstert dir zu: »Hüll dich in den schwarzen Mantel und komm mit...« Und du gehst mit ihm hinaus und führst vor dem staunenden Publikum die tollsten Zaubereien vor... Draußen wartet schon der alte Clown auf dich, er schminkt dich... und die Zuschauer biegen sich vor Lachen über eure Späße... Die Vorstellung ist zu Ende, die Zuschauer kommen zu euch in die Manege und singen und tanzen mit euch...

Orpheus

Die Träumer liegen am Boden und verkrampfen ihren Körper. Nun erzählt der Spielleiter ganz kurz von Orpheus, der so schön musizierte, daß die Steine zum Leben erweckt wurden. Die Liegenden sind nun Steine, oder Sträucher — tot, verkrampft in der Kältestarre. Mit Einsetzen der Musik (hierfür ist sehr gut die »Peer-Gynt-Suite« von *Edvard Grieg* geeignet: »Morgenstimmung«, »Ases Tod« und »Anitras Tanz«) erwachen die Steine und Sträucher zum Leben. Die verspannten Körper entspannen sich langsam, bis die Träumer bequem am Boden liegen. Nun strecken sie ihre Hände aus und nehmen Kontakt zu den anderen auf. Man hilft sich gegenseitig hoch — alles noch mit geschlossenen Augen — und beginnt nun im Takt der Musik zu tanzen ...

Beim alten Trödler (nach *John O. Stevens*)[18]

Du fährst mit dem Zug. Plötzlich hält er in einer Bahnstation, die auf dem Fahrplan nicht verzeichnet ist. Du steigst aus und gehst in die Stadt. Es ist deine Traumstadt, mit all den Häusern, die du liebst, in denen du wohnen möchtest. Geh durch die Straßen deiner Stadt ... Du kommst auf deinem Spaziergang in eine kleine Seitengasse und bleibst vor einem Trödelladen stehen. In seinem Schaufenster liegen unglaublich viele Dinge, alte und neue, wertlose und erlesene. Du hättest nie erwartet, all diese Gegenstände, Träume und Wünsche nebeneinander zu sehen ... Da kommt ein alter Mann mit gütigen Augen aus der Tür des Ladens und lädt dich ein, in den Laden einzutreten. Es sei kein gewöhnliches Geschäft, hier gebe es alle Dinge dieser Welt, alle Träume und Wünsche und Dinge. Jeder, der den Weg zu diesem Laden findet, dürfe sich ein Ding aussuchen ... Geh durch die Räume und betrachte die Dinge in den Regalen und Schränken genau ... Such dir ein Ding aus ... Du hast nun etwas gefunden und willst es bezahlen, doch der alte Mann bedeutet dir, daß du in diesem Laden nur tauschen kannst, gegen etwas, das dir etwa genausoviel wert ist wie der ausgewählte Gegenstand ... Überlege dir gut, ob du tauschen willst ... wenn nicht, lege das Ding wieder zurück ...

Du gehst wieder zum Bahnhof zurück, wo der Zug auf dich gewartet hat. Er fährt ab und du siehst deine Traumstadt in der Ferne verschwinden ...

---

18 *John O. Stevens*, Die Kunst der Wahrnehmung.

Eine Bemerkung zu diesen Traumübungen ist noch vonnöten: Wenn es die Teilnehmer nach der Übung drängt, ihrem Partner spontan von ihrem Traum zu erzählen, so sollte dies nicht verhindert werden. Man darf aber keineswegs eine Erzählpflicht einführen! Diese Träume dienen der Entspannung und der Ausweitung der Phantasie und nicht den psychologischen Experimenten von Spielleitern, die sich hier als »Traumdeuter« betätigen möchten. Außerdem, wer kann schon wertfrei und leistungsfrei träumen und sich »fallen lassen«, wenn er weiß, daß er nachher in der Runde seinen Traum erzählen muß!

V. Teil

Gymnastische Übungen

Wer Pantomime ernsthaft betreiben will, sollte auch die Geschmeidigkeit des Körpers trainieren. Es kommt auch der allgemeinen Leistungsfähigkeit zugute, wenn eine Spielgruppe — auch wenn keine Aufführung vor der Tür steht — ihre Proben und Improvisationen mit Gymnastik beginnt. Es ist ratsam, die nun folgenden Übungen im Rhythmus einer Musik, die dem Tempo angemessen ist, zu absolvieren.

Aufwärmeübungen

Die Arme sind nach vorne gestreckt, der Spieler steht. Nun werden die Hände im Handgelenk zuerst nach oben, dann nach unten im rechten Winkel zum Unterarm abgebogen.

Mit ausgestreckten Armen Hände oder Fäuste locker kreisen lassen.

Den Kopf locker auf den Schultern kreisen lassen.

Die Kreisbewegungen des Kopfes auf den Rumpf übergehen lassen. Die Arme hängen dabei locker.

Man geht in die Hocke und kreuzt die Arme vor den Knien. Nun schnellt man nach oben, indem man die Arme nach hinten ausbreitet und ein Knie zur Brust hochzieht.

Die Hände liegen gefaltet am Hinterkopf. Nun berührt man mit dem rechten Knie den linken Ellbogen, dann mit dem linken Knie den rechten Ellbogen. Der Oberkörper bleibt dabei aufrecht.

Alle laufen durch den Raum. Ohne den Laufrhythmus zu unterbrechen, berühren die Spieler mit ihren Händen die Zehenspitzen, dann die Fersen, die Knöchel und die Kniekehlen.

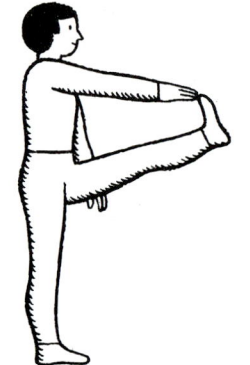

Alle laufen durch den Raum. Auf ein bestimmtes Zeichen (oder wenn die Musik aussetzt) fallen die Spieler in sich zusammen, wie Marionetten, deren Fäden abgeschnitten wurden.

Zwei Partner gegenüber: Einer geht in die Hocke, der andere schwingt abwechselnd sein rechtes und sein linkes Bein über ihn. Nun geht der andere in die Hocke.

Man hebt die Beine im Wechsel an die nach vorn gestreckten Arme. Der rechte Fuß berührt die linke Hand, der linke Fuß die rechte Hand.

Zeheinfalten: Man sitzt mit angezogenen Knien am Boden und nimmt die Zehenspitzen in die Hände. Die Fußsohlen berühren sich. Nun rutscht man — ohne die Zehen loszulassen — auf dem Gesäß ruckweise nach hinten, bis die Beine durchgestreckt sind. Dann rutscht man wieder nach vorn.

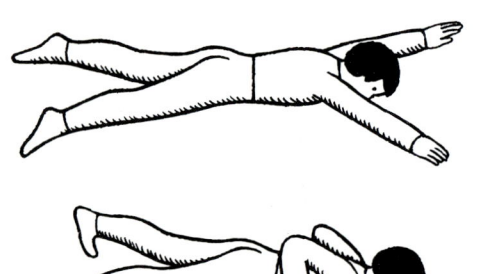

Die Katze: Man liegt entspannt auf dem Bauch, Arme und Beine von sich gestreckt. Nun werden mit einer fließenden Bewegung die Hände in Höhe der Schultern auf den Boden aufgesetzt. Man dehnt nun — wie eine Katze — den Körper ins Hohlkreuz, indem die Ellbogen und die Beine gestreckt werden. Ein Bein wird möglichst weit gegen die Decke gestreckt, der Kopf dehnt sich in den Nacken. Nach einer kurzen Entspannung wird die Übung wiederholt, wobei nun das andere Bein hochgezogen wird.

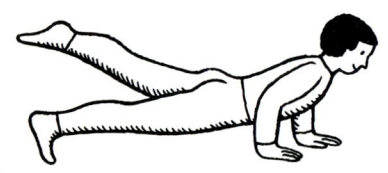

Fisch auf dem Trockenen: Man liegt ausgestreckt auf dem Boden, die Hände über dem Kopf. Nun rollt man, ohne die Arme und Beine zu benützen, vom Rücken auf den Bauch und zurück.

Kerze: Man liegt zusammengerollt auf dem Rücken, so, daß die Knie neben den Ohren den Boden berühren. Nun streckt man die Beine zur Decke und rollt sich wieder zusammen.

Klatsch-Liegestütz: Man geht in den Liegestütz und schnellt dann den Körper vom Boden ab, klatscht in die Hände, bevor diese wieder den Boden berühren.

Die angeführten Übungen sind nur ein kleiner Ausschnitt aus dem täglichen Übungsprogramm eines Berufspantomimen.

Man sollte die Gymnastik nicht überbewerten. Sie hält zwar den Körper geschmeidig, verbessert aber weder Ausdruck noch Ausstrahlung eines Mimen.

Am meisten Spaß dürfte eine Spielgruppe bei der Gymnastik haben, wenn deren Mitspieler selbst Übungen und Bewegungsabläufe erfinden und diese gemeinsam ausprobieren.

Körpertraining

Selbstverständlich sollte ein Mime täglich seine Gelenkigkeit und seine Spannkraft üben und »pflegen«. Körperliche Fitness ist die Voraussetzung für gutes pantomimisches Spiel.

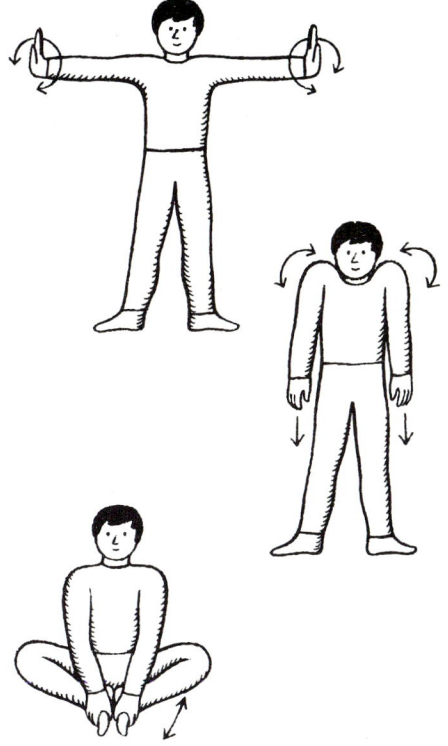

1. Aufwärmeübungen

Die Arme sind waagrecht ausgestreckt. Nun werden die Hände 90 Grad zum Arm abgewinkelt und gedreht — im Uhrzeigersinn und gegen ihn.

Der Kopf kreist locker auf den Schultern.

Wir heben die Schultern bis zu den Ohren und lassen sie fallen. Nun die rechte Schulter allein, dann die linke Schulter.

Die Schultern kreisen gemeinsam oder gegengleich.

Die gestreckten Beine werden abwechselnd zu den ausgestreckten Armen gehoben. Der rechte Fuß berührt die linke Hand, der linke Fuß die rechte Hand. Die Knie und Ellbogen sind dabei gestreckt.

2. Lockerungsübungen

Zeheinfalten: Man sitzt am Boden, die Knie angewinkelt. Die Hände ziehen die Zehenspitzen möglichst weit an den Körper heran. Nun rutscht man auf den »Hinterbacken« nach hinten, bis die Arme und Knie durchgestreckt sind, und wieder zur Ausgangsposition.

Wir dehnen uns nach oben, als ob wir einen Apfel vom Baum pflücken wollten. Dann lassen wir uns in die Hocke zusammenfallen.

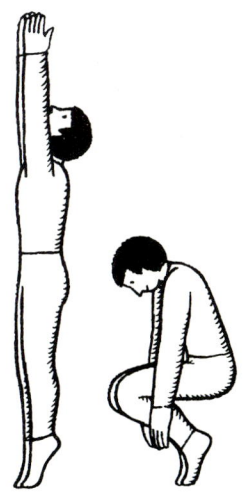

Man liegt flach auf dem Rücken, die Knie sind angezogen, die Fußsohlen stehen auf dem Boden. Nun schleudern wir die Beine mit einem Ruck von uns und ziehen sie ganz langsam wieder an.

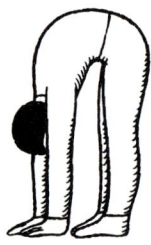

Spannungsübungen

Die Katze: Man liegt entspannt auf dem Bauch, das Gesicht nach unten. Die Arme und Beine sind vom Körper weggestreckt. Wie eine erwachende Katze zieht man die Hände zur Brust und stellt damit die Ellbogen auf. Ebenso werden die Zehenspitzen auf den Boden gestellt. Man ist noch voll entspannt. Nun hebt man mit einem Ruck den Kopf und streckt dabei das rechte Bein und entspannt wieder. Anschließend verfährt man ebenso mit dem linken Bein. Man dehnt sich wie eine Katze. Schließlich hebt sich das Becken, der Kopf wird vorgestreckt, die Zehenspitzen laufen den Fingerspitzen entgegen, bis man zum »Katzenbuckel« kommt. Dann läßt man sich auf den Rücken fallen und entspannt.

Japanische Liegestütze: Man geht in den Liegestütz und hebt sich nun mit Händen und Füßen durch Anspannen der Bauchmuskulatur etwas vom Boden ab. Bevor man den Boden wieder berührt, klatscht man in die Hände.

Bauchzittern: Die ausgestreckten Beine werden in Rückenlage etwa 10 cm vom Boden abgehoben und mindestens zwei Minuten so gehalten. Dabei sollte man ein Lied singen, damit das Zwerchfell nicht verkrampft.

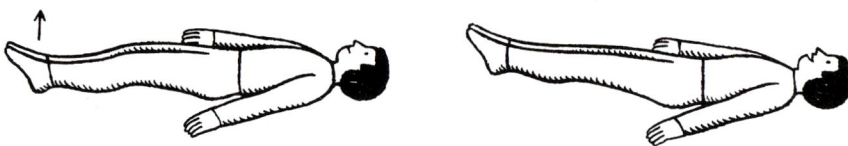

Der Autor

Werner Müller, geb. 1943, Ausbildung und Training in Pantomime bei Jean Soubeyran, Tomaszewski, Katja Delakowa u. a. Seit 1973 Lehrauftrag für Pantomime an der Universität Nürnberg-Erlangen. Auftritte unter dem Namen PAN in der Bundesrepublik Deutschland und im Ausland; Durchführung von Workshops für Jugendorganisationen; Ausbildung von Lehrern und Kindergärtnerinnen; Arbeit mit Kindern und psychisch Kranken. Inszenierungen: u. a. »Rashomon« — Pantomime nach einer japanischen Fabel (1974); »Prozeß« — Pantomime nach dem Roman von Kafka (1974); »Kaspar Hauser« (1976).

Literaturverzeichnis

Marcel Marceau — Acht Pantomimen; *Marceau*; Gerhardt-Verlag, Berlin

Weltkunst der Pantomime; *Marceau*; Verlag Die Arche, Zürich

Die wortlose Sprache; *Soubeyran*; Friedrich-Verlag, Velber

Pantomime — Wesen, Ursprung, Möglichkeiten; *Simon*; Nymphenburger Verlagshandlung, München

Spiel ohne Worte; *Vlatten*; Hilfen für Spielleiter, Heft 6; Landesarbeitsgemeinschaft für Spiel, Recklinghausen

Pantomime für Kinder; *Keysell*; Maier-Verlag, Ravensburg

nca-Materialien; Afdeling kreatieve Kommunikatie; Zandpad 28, Maarssen/Holland

Die Kunst der Wahrnehmung; *Stevens*; Kaiser-Verlag, München

Über das Marionettentheater; *Kleist*; ro-ro-ro-Klassiker

Über den Beruf des Schauspielers; *Brecht*; Edition Suhrkamp

Schriften zum Theater; *Brecht*; Bibliothek Suhrkamp

Die Pantomime im Drama der Shakespearezeit; *Mehl*; Verlag Quelle und Meyer, Heidelberg

Die spielende Klasse; *Warns*; Verlag J. Pfeiffer, München

Sprechende Bewegung; *Loesch*; Henschel-Verlag, Berlin

Spontanes Theater; *Pörtner*; Kiepenheuer & Witsch-Verlag, Köln

Improvisation, Tanz, Bewegung; *Haselbach*; Klett-Verlag, Stuttgart

Wir spielen Geschichten; *Krantz*; Verlagsgesellschaft Müller, Köln

Arbeitsmaterialien zur Gruppendynamik; *Pfeiffer/Jones*; Laetare-Verlag, Würzburg

Die Spiele und die Menschen; *Caillois*; Langen-Müller-Verlag, München

Grundlagen der Schauspielkunst I und II; Friedrich-Verlag, Velber

Der leere Raum; *Brook*; Verlag Hoffmann und Campe, Hamburg

Das Theater und sein Double; *Artaud*; S.-Fischer-Verlag, Frankfurt

Rashomon; *Ryunosuke Akutagawa*; Diogenes-Verlag, Zürich

Die Arbeit des Schauspielers an sich selbst; *Stanislawski*; Henschel-Verlag, Berlin

Spielen in der Schule; *Daublebsky*; Klett-Verlag, Stuttgart

Die sieben Zeitalter des Theaters; *Southern*; Mohn-Verlag, Gütersloh

Darstellendes Spiel; *Haven*; Pädagogischer Verlag Schwann, Düsseldorf

Die komische Figur; *Reuling*; Göschen'sche Verlagsbuchhandlung, Stuttgart 1890

Das arme Theater; *Grotowski*; Friedrich-Verlag, Velber

Spielen — Lernen; *Flitner*; Serie Piper, München

Polyästhetische Erziehung; *Roscher*; DuMont Aktuell, Schauberg

Niemand spricht mit mir; *Michel*; Laetare-Verlag, Würzburg

Schauspielkunst auf der Schulbühne; *Potratz*; Henn-Verlag, Ratingen

Das Schulspiel; *Lutz*; Don Bosco Verlag, München

Marcel Marceau